Franz Dürheim, Werner Freißler, Otto Mayr

Kopiervorlagen Rechtschreiben 5/6

Mit Lösungen

Verlag Ludwig Auer Donauwörth

Gedruckt auf umweltbewußt gefertigtem, chlorfrei gebleichtem
und alterungsbeständigem Papier.

2. Auflage 1994
© by Ludwig Auer GmbH, Donauwörth. 1992
Alle Rechte vorbehalten
Gesamtherstellung: Ludwig Auer GmbH, Donauwörth
ISBN 3-403-02214-5

Inhaltsverzeichnis

Vorwort 4

Rechtschreibfall	Thema	
1. Einfache Fälle der Großschreibung	Umweltfreundliche Verpackungen	5
2. Großschreibung von Namenwörtern und feststehenden Begriffen	Heimtiere – Überlegungen vor dem Kauf	9
3. Großschreibung namenwörtlich gebrauchter Zeitwörter	Das Wandern ist des Müllers Lust	13
4. Großschreibung namenwörtlich gebrauchter Eigenschaftswörter	Immer mehr Freizeit	17
5. Besonderheiten der Groß- und Kleinschreibung: Zeitangaben	Fernsehen – ein beliebter Zeitvertreib	21
6. Zusammen- und Getrenntschreibung	Hinweise für Schüler	25
7. Mitlautverdoppelung	Leben auf einer Ritterburg	29
8. Mitlautverdoppelung	Römer und Germanen	33
9. Dativ oder Akkusativ – 3. oder 4. Fall?	Griechische Demokratie und Kultur	37
10. Dativ oder Akkusativ – 3. oder 4. Fall?	Wie sollen wir essen?	41
11. „das" oder „daß"?	Weinbau in Franken	45
12. „das" oder „daß"?	Warum starben die Saurier aus?	49
13. Wörter mit verschiedenen s-Lauten: „s" – „ss" – „ß"	Ein gelungener Spaß	53
14. Wörter mit verschiedenen s-Lauten: „s" – „ss" – „ß"	Warum hält man sich einen Hund?	57
15. Dehnung durch den Buchstaben „-h"	Erfahrungen auf der Jugendfarm	61
16. Dehnung durch „-ie"	Vernünftig Energie sparen	65
17. Gleichklingende Laute (äu – eu)	Unsere Hauskatze	69
18. Zeichensetzung: Satzschlußzeichen, Satzzeichen bei wörtlicher Rede	Aus einem Abenteuerroman	73
19. Umgang mit dem Duden	Eins, zwei, drei (Fernsehsendung)	77

Weitere Arbeitsaufträge zur Nachschrift 81
Kernwortschatz 83
Fehlerhäufigkeit (Statistik) 88

Vorwort

Der vorliegende Band ermöglicht einen motivierenden, didaktisch, methodisch und wissenschaftlich fundierten Rechtschreibunterricht.

Ausgehend von einer wissenschaftlichen Untersuchung der Fehlerhäufigkeit (nach Joachim Riehme, Berlin, s. S. 90) und dem notwendigen Wortschatz für die jeweiligen Jahrgangsstufen konzipierten wir diesen Band, der jedem Lehrer hilft, einen Rechtschreibunterricht zu erteilen, der der Individuallage seiner Klasse angepaßt ist.

Der vorliegende Band beinhaltet 19 Nachschriften mit Texten zu Themen der jeweiligen Jahrgangsstufen. Dabei handelt es sich jedoch nicht um eine mehr oder weniger zufällige Aneinanderreihung einzelner Nachschriften, die miteinander nicht in Verbindung stehen, sondern um Nachschriften, die jeweils einen speziellen Rechtschreibfall beinhalten, ohne jedoch eine unnatürliche Häufung anzubieten. Vielfältige Übungsformen zum einzelnen Rechtschreibfall verbunden mit Wortschatzübungen schließen sich an. Somit sind ein zielgerichtetes Üben, eine entsprechende Individualisierung und die Arbeit an den Fehlerschwerpunkten der einzelnen Klassen möglich. Auch der mittlerweile wieder mehr ins Blickfeld gerückte Sprachlehreaspekt wurde angemessen berücksichtigt. Manche Fehler lassen sich durch Üben von Sprachlehregrundlagen vermeiden. Dieser Band bietet auch hierzu abwechslungsreiches Übungsmaterial.

Wir haben nun bewußt darauf verzichtet, auf jeder Doppelseite die meist ähnlichen Arbeitsaufträge zur Erarbeitung der Nachschrift (ohne Berücksichtigung des speziellen Rechtschreibfalls) zu wiederholen.

Dieser Rechtschreibarbeit sollen die beiden Arbeitsblätter auf den Seiten 83 und 84 dienen. Hier findet der Schüler Aufträge zur Bearbeitung einer Nachschrift.

Wenn sich diese Arbeitsblätter in den Händen der Schüler befinden, kann der Lehrer über die Arbeit auf der jeweiligen Doppelseite hinaus weitere Arbeitsaufträge aus diesem Katalog auswählen und sie zusätzlich von den Schülern bearbeiten lassen.

Rechtschreiben lernt man nur durch Schreiben. Dieser Band bietet Ihnen und somit Ihrer Klasse vielfältige Möglichkeiten, zielgerichtet und didaktisch fundiert zu arbeiten.

Wir wünschen viel Vergnügen und vor allem viel Erfolg!

DEUTSCH Rechtschreiben | NAME: _____ | KLASSE: __ | DATUM: _____ | NR: __

Einfache Fälle der Großschreibung

Umweltfreundliche Verpackungen

Weil auf Verpackungen nicht vollständig verzichtet werden kann, ist die Suche nach umweltfreundlichen Verpackungen ein Gebot der Stunde. Immer mehr Bürger haben den Ernst der Lage erkannt: Sollen die Müllberge nicht weiter in den Himmel wachsen, müssen Verpackungen eingespart werden! An vielen Schulen werden Getränke nur noch in wiederverwendbaren Fläschchen verkauft. Längst ist das Pausebrot nicht mehr in Alufolie verpackt, sondern wird in Plastikdosen in die Schule mitgebracht. Diese können täglich neu benützt werden. Nur einmal zu verwenden sind Verpackungen, die ein bekannter Süßwarenhersteller erprobt: eßbare Verpackungen. Seit einiger Zeit sind Pralinenschachteln im Handel, bei denen Plastikeinsätze durch eßbare Waffeln ersetzt werden. Ein lobenswerter Beitrag, die Verpackungsflut einzudämmen!

1. **In diesem Text findest du die einfachen Fälle der Großschreibung wieder:**

   a) Wörter werden groß geschrieben **am** _____

   b) Wörter werden groß geschrieben **nach einem Doppelpunkt, wenn** _____

   c) Wörter werden groß geschrieben, **wenn ich erkenne, daß es sich um** ein _____ handelt.

   zu a) **Unterstreiche alle Wörter am Satzanfang!**

   zu b) Nach **welchem Doppelpunkt** folgt im obigen Text ein **vollständiger Satz**? Schreibe das Beispiel heraus!

   _____

   _____

   zu c) **Unterstreiche alle Hauptwörter!**

2. Das erste Wort einer wörtlichen Rede wird immer groß geschrieben, auch wenn die wörtliche Rede in einen Satz eingeschoben ist.

   Beispiel: Mit einem deutlich hörbaren "Auf Wiedersehen" verließ er den Raum.

DEUTSCH Rechtschreiben NAME: _____ KLASSE: __ DATUM: _____ NR: __

Einfache Fälle der Großschreibung

Ergänze die folgenden Beispiele sinnvoll!

- Brigitte rief: "_____ du, wie weit wir noch laufen müssen?"
- "_____ der Probe schaut bitte jeder in sein eigenes Blatt", wiederholte der Lehrer, als er die Blätter austeilte.
- "____ wir alle überzeugte Umweltschützer sind", meinte unser Klassensprecher, "_____ wir an dieser Säuberungsaktion teilnehmen."
- Theo rief: "_____ Marsch müssen wir unbedingt nochmals spielen!"

Warum mußtest du nach einem dieser Anführungszeichen einmal ein Wort klein schreiben?

_____
_____

3. | Namen und Titel sowie Anredefürwörter in Briefen werden immer groß geschrieben.

Finde kurze Beispielsätze sowie je 2 weitere Namen, Titel und Anredefürwörter!

(Maria   Huber   Otto)
NAMEN

(Rektor   Dr.   Direktor)
TITEL

(Sie   Du   Ihr)
ANREDEFÜRWÖRTER IN BRIEFEN

6

| DEUTSCH Rechtschreiben | NAME: _____ | KLASSE: __ | DATUM: _____ | NR: __ |

Einfache Fälle der Großschreibung

Umweltfreundliche Verpackungen

<u>Weil</u> auf <u>Verpackungen</u> nicht vollständig verzichtet werden kann, ist die <u>Suche</u> nach umweltfreundlichen <u>Verpackungen</u> ein <u>Gebot</u> der <u>Stunde.</u> <u>Immer</u> mehr <u>Bürger</u> haben den <u>Ernst</u> der <u>Lage</u> erkannt: <u>Sollen</u> die <u>Müllberge</u> nicht weiter in den <u>Himmel</u> wachsen, müssen <u>Verpackungen</u> eingespart werden! <u>An</u> vielen <u>Schulen</u> werden <u>Getränke</u> nur noch in wiederverwendbaren <u>Fläschchen</u> verkauft. <u>Längst</u> ist das <u>Pausebrot</u> nicht mehr in <u>Alufolie</u> verpackt, sondern wird in <u>Plastikdosen</u> in die <u>Schule</u> mitgebracht. <u>Diese</u> können täglich neu benützt werden. <u>Nur</u> einmal zu verwenden sind <u>Verpackungen,</u> die ein bekannter <u>Süßwarenhersteller</u> erprobt: eßbare <u>Verpackungen.</u> <u>Seit</u> einiger <u>Zeit</u> sind <u>Pralinenschachteln</u> im <u>Handel</u>, bei denen <u>Plastikeinsätze</u> durch eßbare <u>Waffeln</u> ersetzt werden. <u>Ein</u> lobenswerter <u>Beitrag</u>, die <u>Verpackungsflut</u> einzudämmen!

1. **In diesem Text findest du die einfachen Fälle der Großschreibung wieder:**

   a) Wörter werden groß geschrieben **am** ___Satzanfang.___

   b) Wörter werden groß geschrieben **nach einem Doppelpunkt, wenn** ein vollständiger Satz oder ein Hauptwort folgt.

   c) Wörter werden groß geschrieben, **wenn ich erkenne, daß es sich um** ein ___Hauptwort___ handelt.

   zu a) **Unterstreiche alle Wörter am Satzanfang!**

   zu b) Nach **welchem Doppelpunkt** folgt im obigen Text ein **vollständiger Satz**? Schreibe das Beispiel heraus!

   Immer mehr Bürger haben den Ernst der Lage erkannt: Sollen die Müllberge nicht weiter in den Himmel wachsen, müssen Verpackungen...

   zu c) **Unterstreiche alle Hauptwörter!**

2. Das erste Wort einer wörtlichen Rede wird immer groß geschrieben, auch wenn die wörtliche Rede in einen Satz eingeschoben ist.

   Beispiel: Mit einem deutlich hörbaren "Auf Wiedersehen" verließ er den Raum.

DEUTSCH Rechtschreiben

NAME: _____ KLASSE: __ DATUM: _____ NR: __

Einfache Fälle der Großschreibung

Ergänze die folgenden Beispiele sinnvoll!

- Brigitte rief: "<u>Weißt</u> du, wie weit wir noch laufen müssen?"
- "<u>Während</u> der Probe schaut bitte jeder in sein eigenes Blatt", wiederholte der Lehrer, als er die Blätter austeilte.
- "<u>Da</u> wir alle überzeugte Umweltschützer sind", meinte unser Klassensprecher, "<u>sollten</u> wir an dieser Säuberungsaktion teilnehmen."
- Theo rief: "<u>Diesen</u> Marsch müssen wir unbedingt nochmals spielen!"

Warum mußtest du nach einem dieser Anführungszeichen einmal ein Wort klein schreiben?

<u>Die wörtliche Rede wurde hier nur fortgesetzt. Dabei handelte es sich zudem nicht um ein Hauptwort.</u>

3. | Namen und Titel sowie Anredefürwörter in Briefen werden immer groß geschrieben. |

Finde kurze Beispielsätze sowie je 2 weitere Namen, Titel und Anredefürwörter!

(Maria   Huber   Otto
 <u>Tobias</u>   <u>Daniela</u>)
NAMEN

Gestern fehlte Maria im Unterricht.
Herr Huber hat ein neues Auto gekauft.
Otto war wie immer der Schnellste.

Alle beglückwünschten Rektor Meyer.
Dr. Mors ist als Arzt sehr angesehen.
Die Kinder suchten Direktor Kannler überall.

(Rektor   Dr.   Direktor
 <u>Bürgermeister</u>   <u>Herzog</u>)
TITEL

(Sie   Du   Ihr
 <u>Euch</u>   <u>Dein</u>)
ANREDEFÜRWÖRTER IN BRIEFEN

Gerne hätte ich Sie während des Urlaubs besucht.
Kannst Du mir nicht auch einmal schreiben?
In den Ferien könnt Ihr vorbeikommen.

Großschreibung von Namenwörtern und feststehenden Begriffen

Heimtiere - Überlegungen vor dem Kauf

Die vielen, vor allem zur Urlaubszeit ausgesetzten Haustiere lassen vermuten, daß Überlegungen vor dem Kauf nur oberflächlich angestellt wurden. Zu oft passen die Lebensgewohnheiten der Menschen und die Bedürfnisse des zukünftigen Haustieres nicht zusammen. Tiere empfinden es als sehr schmerzlich, wenn sie wie Spielzeug, an dem kein Interesse mehr besteht, zur Seite geschoben werden. Damit es nicht so weit kommt, sollte man sich über verschiedene Fragen der Tierhaltung vorher informieren, z.B.:

- Welche Größe muß ein artgerechter Käfig besitzen?
- Kann ich dem Lebewesen genug Pflege und Zuneigung zukommen lassen?
- Bin ich bereit, eine finanzielle Mehrbelastung in Kauf zu nehmen?

Bei der Haltung von Hamstern, Hasen, Vögeln, usw. ist es oberstes Gebot, die Grundsätze des Tierschutzes zu beachten.

1. **Alle Namenwörter werden groß geschrieben.** Vor sie kann ein **Geschlechtswort** (der, die, das, ein, eine) gesetzt werden.
Namenwörter/Hauptwörter, die Menschen, Tiere, Pflanzen und Dinge bezeichnen, werden genauso groß geschrieben wie Namenwörter, die für gedachte Dinge stehen.

Unterstreiche alle Namenwörter im Ausgangstext!

Ordne die Namenwörter dann in die beiden Gruppen ein!

Schreibe jedes Wort nur einmal auf!

Wirkliche Dinge/Konkreta	Gedachte Dinge/Abstrakta

| DEUTSCH Rechtschreiben | NAME: _____ | KLASSE: __ | DATUM: _____ | NR: __ |

Großschreibung von Namenwörtern und feststehenden Begriffen

2. Namenwörter, die für gedachte Dinge stehen, besitzen häufig ganz bestimmte Endungen.

   > Wörter mit den Nachsilben -ung, -nis, -heit, -keit, -schaft, -tum sind Hauptwörter und werden deshalb groß geschrieben.

   > eigen, besonders, frei, finster, kennen, irren, wirken, bitter, bequem, verwenden, feind, besitzen

   Bilde mit diesen Wortstämmen und der passenden Endung Hauptwörter und trage sie in die Aufstellung ein! Ergänze auf je 5 Wörter!

   -ung: _____
   _____

   -nis: _____
   _____

   -heit: _____
   _____

   -keit: _____
   _____

   -schaft: _____
   _____

   -tum: _____
   _____

3. Wir sammeln heute für das Rote Kreuz.
   In diesem Satz wird das Eigenschaftswort "rot" groß geschrieben, weil es Bestandteil eines Eigennamens ist.

   > Feststehende Begriffe, die man aus dem Satzzusammenhang heraus erkennen kann, werden groß geschrieben.

   Ergänze! Achte auf Groß- oder Kleinschreibung!

   - Das _____ Meer wird von russischen Schiffen befahren.
   - Daniela malte ein _____ Kreuz auf das Zeichenblatt.
   - In der _____ Welt gibt es häufig Hungersnöte.
   - Am Sternenhimmel entdecke ich den _____ Wagen.
   - Vor der Wiedervereinigung Deutschlands gab es die _____ _____ Republik (DDR).

Großschreibung von Namenwörtern und feststehenden Begriffen

Heimtiere - Überlegungen vor dem Kauf

Die vielen, vor allem zur Urlaubszeit ausgesetzten Haustiere lassen vermuten, daß Überlegungen vor dem Kauf nur oberflächlich angestellt wurden. Zu oft passen die Lebensgewohnheiten der Menschen und die Bedürfnisse des zukünftigen Haustieres nicht zusammen. Tiere empfinden es als sehr schmerzlich, wenn sie wie Spielzeug, an dem kein Interesse mehr besteht, zur Seite geschoben werden. Damit es nicht so weit kommt, sollte man sich über verschiedene Fragen der Tierhaltung vorher informieren, z.B.:
- Welche Größe muß ein artgerechter Käfig besitzen?
- Kann ich dem Lebewesen genug Pflege und Zuneigung zukommen lassen?
- Bin ich bereit, eine finanzielle Mehrbelastung in Kauf zu nehmen?

Bei der Haltung von Hamstern, Hasen, Vögeln, usw. ist es oberstes Gebot, die Grundsätze des Tierschutzes zu beachten.

1. **Alle Namenwörter werden groß geschrieben.** Vor sie kann ein Geschlechtswort (der, die, das, ein, eine) gesetzt werden.
Namenwörter/Hauptwörter, die Menschen, Tiere, Pflanzen und Dinge bezeichnen, werden genauso groß geschrieben wie Namenwörter, die für gedachte Dinge stehen.

Unterstreiche alle Namenwörter im Ausgangstext!

Ordne die Namenwörter dann in die beiden Gruppen ein!

Schreibe jedes Wort nur einmal auf!

Wirkliche Dinge/Konkreta	Gedachte Dinge/Abstrakta
Heimtiere, Haustiere, Menschen, Tiere, Spielzeug, Käfig, Lebewesen, Hamstern, Hasen, Vögeln,	Überlegungen, Kauf, Urlaubszeit, Lebensgewohnheiten, Bedürfnisse, Interesse, Seite, Fragen, Tierhaltung, Größe, Pflege, Zuneigung, Mehrbelastung, Haltung, Gebot, Grundsätze, Tierschutzes,

Großschreibung von Namenwörtern und feststehenden Begriffen

2. Namenwörter, die für gedachte Dinge stehen, besitzen häufig ganz bestimmte Endungen.

> Wörter mit den Nachsilben -ung, -nis, -heit, -keit, -schaft, -tum sind Hauptwörter und werden deshalb groß geschrieben.

> eigen, besonders, frei, finster, kennen, irren, wirken, bitter, bequem, verwenden, feind, besitzen

Bilde mit diesen Wortstämmen und der passenden Endung Hauptwörter und trage sie in die Aufstellung ein! Ergänze auf je 5 Wörter!

-ung: Wirkung, Verwendung, Achtung, Bestellung, Aufmachung

-nis: Finsternis, Kenntnis, Versäumnis, Geheimnis, Gelöbnis

-heit: Besonderheit, Freiheit, Bestimmtheit, Menschheit, Krankheit

-keit: Bitterkeit, Bequemlichkeit, Abhängigkeit, Brüderlichkeit, Unachtsamkeit

-schaft: Eigenschaft, Feindschaft, Freundschaft, Bereitschaft, Verwandtschaft

-tum: Irrtum, Besitztum, Altertum, Beamtentum, Königtum

3. Wir sammeln heute für das Rote Kreuz.

In diesem Satz wird das Eigenschaftswort "rot" groß geschrieben, weil es Bestandteil eines Eigennamens ist.

> Feststehende Begriffe, die man aus dem Satzzusammenhang heraus erkennen kann, werden groß geschrieben.

Ergänze! Achte auf Groß- oder Kleinschreibung!

- Das _Schwarze_ Meer wird von russischen Schiffen befahren.
- Daniela malte ein _rotes_ Kreuz auf das Zeichenblatt.
- In der _Dritten_ Welt gibt es häufig Hungersnöte.
- Am Sternenhimmel entdecke ich den _Kleinen_ Wagen.
- Vor der Wiedervereinigung Deutschlands gab es die _Deutsche_ _Demokratische_ Republik (DDR).

Großschreibung namenwörtlich gebrauchter Zeitwörter

Das Wandern ist des Müllers Lust

Wer kennt ihn nicht, den Spruch, der im Alltag der Menschen immer wieder seine Anwendung findet: Das Wandern ist des Müllers Lust! Waren es früher die Handwerker, z.B. der Müller oder der Zimmermann, die ihren Ranzen schnürten, um auf Wanderschaft zu gehen, so zeigt sich die Lust am Reisen heutzutage in mannigfacher Weise. Viele Familien verbringen das Wochenende im Gebirge - im Herbst beim Bergsteigen, im Winter beim Skifahren. Auch in den Schulen hat man längst erkannt, daß eine umfassende Bildung und Erziehung nicht durch Schreiben und Rechnen zu erreichen ist. Schullandheimaufenthalte und Abschlußfahrten, bei denen das Musizieren, das Beobachten der Natur oder auch nur das Erholen vom Alltagsstreß hohen Stellenwert besitzen, zeigen nicht selten den Zusammenhang auf zwischen Begeisterung für eine Sache und dem damit verbundenen Lernerfolg. Daß mit dem Verreisen auch ein riesiges Geschäft zu machen ist, das beweist nicht zuletzt die ständig wachsende Zahl an Buchungen innerhalb der Tourismusbranche. Ein Blick auf die überlasteten Flugplätze macht die Gültigkeit des Spruches deutlich: Nur Fliegen ist schöner!

1. | **Werden Zeitwörter wie Namenwörter gebraucht, schreibt man sie groß.** |

Unterstreiche im Text alle namenwörtlich gebrauchten Zeitwörter und trage sie anschließend geordnet in die Tabelle ein!

mit Geschlechtswort	mit Verhältniswort	mit anderen vorausgehenden Wörtern, Geschlechtswort dazudenken

Merke: **Vorangestellte Wörter** sind **meist Geschlechtswörter** (das, dem, des, ein, einem, eines) **oder aber Verhältniswörter** (beim, zum, für, durch, im, vom). Bei anderen Begleitern erscheinen diese Wörter häufig nicht direkt vor dem namenwörtlich gebrauchten Zeitwort.

| DEUTSCH Rechtschreiben | NAME: _____ | KLASSE: __ | DATUM: _____ | NR: __ |

Großschreibung namenwörtlich gebrauchter Zeitwörter

2. Formuliere je einen Satz, bei dem das Zeitwort "reisen" groß geschrieben wird!

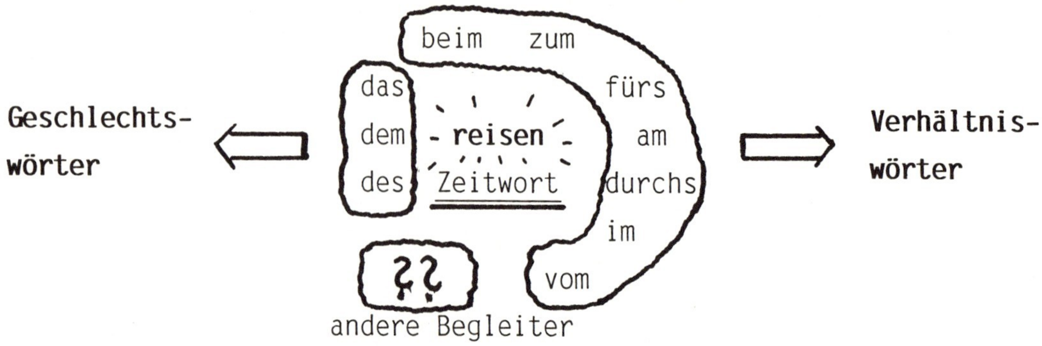

Geschlechts- ← [das, dem, des | beim, zum, fürs, am, durchs, im, vom | -reisen- Zeitwort] → Verhältnis-
wörter   wörter

?? andere Begleiter

_____
_____
_____
_____
_____
_____
_____
_____
_____
_____

3. Zeitwörter werden auch dann zu Hauptwörtern, wenn man sich ein Geschlechtswort dazudenken kann.

   Beispiel: ∧ Schreien und ∧ Lärmen auf den Gängen ist verboten.
              :Das: Schreien und :das: Lärmen auf den Gängen ist verboten.

   | rennen, schreien, jagen, spielen, lesen, herumtollen, schreiben, kreischen |

   Trage richtig ein!

   _____ kleiner Kinder war zu hören.
   In der Schule lernen Kinder _____
   _____ im Hof macht viel Spaß.
   _____ um das Wasserbecken ist verboten.

4. Auch unbestimmte Geschlechtswörter (ein, eines, einem) können Zeitwörter zu Namenwörtern machen.

   Beispiel: Wir hörten **ein** Donnern und **ein** Krachen.

Großschreibung namenwörtlich gebrauchter Zeitwörter

Das Wandern ist des Müllers Lust

Wer kennt ihn nicht, den Spruch, der im Alltag der Menschen immer wieder seine Anwendung findet: Das Wandern ist des Müllers Lust! Waren es früher die Handwerker, z.B. der Müller oder der Zimmermann, die ihren Ranzen schnürten, um auf Wanderschaft zu gehen, so zeigt sich die Lust am Reisen heutzutage in mannigfacher Weise. Viele Familien verbringen das Wochenende im Gebirge - im Herbst beim Bergsteigen, im Winter beim Skifahren. Auch in den Schulen hat man längst erkannt, daß eine umfassende Bildung und Erziehung nicht durch Schreiben und Rechnen zu erreichen ist. Schullandheimaufenthalte und Abschlußfahrten, bei denen das Musizieren, das Beobachten der Natur oder auch nur das Erholen vom Alltagsstreß hohen Stellenwert besitzen, zeigen nicht selten den Zusammenhang auf zwischen Begeisterung für eine Sache und dem damit verbundenen Lernerfolg. Daß mit dem Verreisen auch ein riesiges Geschäft zu machen ist, das beweist nicht zuletzt die ständig wachsende Zahl an Buchungen innerhalb der Tourismusbranche. Ein Blick auf die überlasteten Flugplätze macht die Gültigkeit des Spruches deutlich: Nur Fliegen ist schöner!

1. | Werden Zeitwörter wie Namenwörter gebraucht, schreibt man sie groß. |

Unterstreiche im Text alle namenwörtlich gebrauchten Zeitwörter und trage sie anschließend geordnet in die Tabelle ein!

mit Geschlechtswort	mit Verhältniswort	mit anderen vorausgehenden Wörtern, Geschlechtswort dazudenken
Das Wandern	am Reisen	
das Musizieren	beim Bergsteigen	
das Beobachten	beim Skifahren	Nur d a s Fliegen
das Erholen	durch Schreiben und	
dem Verreisen	(durch) Rechnen	

Merke: **Vorangestellte Wörter** sind **meist Geschlechtswörter** (das, dem, des, ein, einem, eines) **oder aber Verhältniswörter** (beim, zum, für, durch, im, vom). Bei anderen Begleitern erscheinen diese Wörter häufig nicht direkt vor dem namenwörtlich gebrauchten Zeitwort.

Großschreibung namenwörtlich gebrauchter Zeitwörter

2. Formuliere je einen Satz, bei dem das Zeitwort "reisen" groß geschrieben wird!

Beim Reisen mit dem Zug kann ich die Schönheiten der Natur genießen.

Die meisten Urlauber brauchen zum Reisen einen Koffer.

Ich bin vor allem fürs Reisen zu haben.

Schon als Kind hatte ich am Reisen große Freude.

Erst durchs Reisen kann man fremde Länder kennenlernen.

Die Deutschen stehen im Reisen an erster Stelle.

Inzwischen bekomme ich vom Reisen Kopfweh.

Das Reisen ist ein sehr beliebtes Hobby.

Bei dem Reisen mit der Bahn hat schon mancher eine Bekanntschaft gemacht.

Während des Reisens schliefen die Kinder ein.

Essen, Trinken und Reisen gehören zusammen.

3. Zeitwörter werden auch dann zu Hauptwörtern, wenn man sich ein Geschlechtswort dazudenken kann.

Beispiel: Schreien und Lärmen auf den Gängen ist verboten.
Das Schreien und das Lärmen auf den Gängen ist verboten.

rennen, schreien, jagen, spielen, lesen, herumtollen, schreiben, kreischen

Trage richtig ein!

Schreien und Kreischen	kleiner Kinder war zu hören.
In der Schule lernen Kinder	Lesen und Schreiben.
Spielen und Herumtollen	im Hof macht viel Spaß.
Rennen und Jagen	um das Wasserbecken ist verboten.

4. Auch unbestimmte Geschlechtswörter (ein, eines, einem) können Zeitwörter zu Namenwörtern machen.

Beispiel: Wir hörten **ein** Donnern und **ein** Krachen.

DEUTSCH Rechtschreiben

Großschreibung namenwörtlich gebrauchter Eigenschaftswörter

Immer mehr Freizeit

Ob Erwachsene, Jugendliche oder Kinder - uns allen steht immer mehr Freizeit zur Verfügung. Jeder möchte sich natürlich in dieser Zeit erholen oder aber etwas Interessantes erleben. Die Freizeitindustrie hat dieses Bedürfnis der Menschen längst entdeckt. So wird z.B. in Freizeitparks neben dem Beschaulichen auch viel Sportliches geboten. Während die Eltern die blühenden Parkanlagen genießen, vergnügen sich Kinder und Jugendliche mit Bobfahrten, Ponyreiten oder Geschicklichkeitsspielen. Die Höhe des Eintrittspreises spielt dabei eine geringere Rolle. Entscheidend ist vor allem, daß es allen Spaß macht und die ganze Familie nicht nur etwas Spannendes, sondern auch viel Lustiges erleben konnte. Da ein Hungriger wenig zufrieden ist, wird überall für das leibliche Wohl bestens gesorgt. Wohl dem, der weiß, daß viel Erlebenswertes auch in der freien Natur vorzufinden ist.

Zeitwörter und Eigenschaftswörter schreibt man klein, z.B.

der   große   Freizeitpark
↑   ↑   ↑
Geschl.wort Eigensch.wort Namenwort

> Ein Eigenschaftswort, das zu keinem Hauptwort gehört, schreibt man jedoch groß, wenn eines der folgenden Wörter davorsteht:
>
> ein Geschlechtswort, z.B. _____
>
> ein Verhältniswort, z.B. _____
>
> ein Zahlwort, z.B. _____
>
> oder ein persönl. Fürwort, z.B. _____

1. Zu zwei Arten dieser vorangestellten Wörter findest du im Text Beispiele. Unterstreiche sie und trage sie dann in die Tabelle richtig ein!

Geschlechtswort + EW	Zahlwort + EW

| DEUTSCH Rechtschreiben | NAME: _____ | KLASSE: __ DATUM: ____ | NR: __ |

Großschreibung namenwörtlich gebrauchter Eigenschaftswörter

2. Eigenschaftswörter, die zu keinem Hauptwort gehören, schreibt man groß, wenn ein Verhältniswort davorsteht, z.B.:

   Er hörte ein Rascheln **im** **Dunkeln**
                               ↑   ↑
                       Verhältniswort Eigensch.wort, namenwörtlich gebraucht

Finde zu den folgenden Beispielen passende Sätze!

ins Helle: _____

zum Wichtigen: _____

im Guten: _____

aufs Wesentliche: _____

an Nützlichem: _____

vom Billigen: _____

am Grün: _____

3. Eigenschaftswörter, die zu keinem Hauptwort gehören, schreibt man groß, wenn ein persönliches Fürwort davorsteht, z.B.:

   Mutter brachte Hans, **ihren** **Jüngsten**, zur Schule
                               ↑   ↑
                    persönl. Fürwort Eigensch.wort, namenwörtlich gebraucht

> unser Schnellster - ihr Liebster - mein Frecher - dein Bester
> euer Dicker - sein Größter

Finde je einen passenden Beispielsatz!

_____

_____

_____

_____

_____

4. Erläutere die Beispielsätze!

   Er wurde Hans, **der Lange**, genannt.   Sie wünschte ihr **alles Gute**.

_____   _____

Großschreibung namenwörtlich gebrauchter Eigenschaftswörter

Immer mehr Freizeit

Ob Erwachsene, Jugendliche oder Kinder - uns allen steht immer mehr Freizeit zur Verfügung. Jeder möchte sich natürlich in dieser Zeit erholen oder aber <u>etwas Interessantes</u> erleben. Die Freizeitindustrie hat dieses Bedürfnis der Menschen längst entdeckt. So wird z.B. in Freizeitparks neben <u>dem Beschaulichen</u> auch <u>viel Sportliches</u> geboten. Während die Eltern die blühenden Parkanlagen genießen, vergnügen sich Kinder und Jugendliche mit Bobfahrten, Ponyreiten oder Geschicklichkeitsspielen. Die Höhe des Eintrittspreises spielt dabei eine geringere Rolle. Entscheidend ist vor allem, daß es allen Spaß macht und die ganze Familie nicht nur <u>etwas Spannendes</u>, sondern auch <u>viel Lustiges</u> erleben konnte. Da <u>ein Hungriger</u> wenig zufrieden ist, wird überall für das leibliche Wohl bestens gesorgt. Wohl dem, der weiß, daß <u>viel Erlebenswertes</u> auch in der freien Natur vorzufinden ist.

Zeitwörter und Eigenschaftswörter schreibt man klein, z.B.

      der   große   Freizeitpark
      ↑   ↑   ↑
Geschl.wort Eigensch.wort Namenwort

Ein Eigenschaftswort, das zu keinem Hauptwort gehört, schreibt man jedoch groß, wenn eines der folgenden Wörter davorsteht:
    ein Geschlechtswort, z.B. der, die, das, ein, eine
    ein Verhältniswort, z.B. beim, zum, durchs, auf
    ein Zahlwort,   z.B. wenig, etwas, nichts, allerlei, viel
    oder ein persönl. Fürwort, z.B. dein, unser, euer, mein

---

1. Zu zwei Arten dieser vorangestellten Wörter findest du im Text Beispiele. Unterstreiche sie und trage sie dann in die Tabelle richtig ein!

Geschlechtswort + EW
dem Beschaulichen
ein Hungriger

Zahlwort + EW	
etwas Interessantes	etwas Spannendes
viel Sportliches	viel Lustiges
viel Erlebenswertes	

Großschreibung namenwörtlich gebrauchter Eigenschaftswörter

2. Eigenschaftswörter, die zu keinem Hauptwort gehören, schreibt man auch dann groß, wenn ein Verhältniswort davorsteht, z.B.

   Er hörte ein Rascheln **im** **Dunkeln**
   ↑ ↑
   Verhältniswort Eigensch.wort, namenwörtlich gebraucht

Finde zu den folgenden Beispielen passende Sätze!

ins Helle:	Er rannte so schnell er konnte ins Helle.
zum Wichtigen:	Gegen Ende seiner Rede kam er zum Wichtigen.
im Guten:	Sie gingen im Guten auseinander.
aufs Wesentliche:	Er beschränkte sich aufs Wesentliche.
an Nützlichem:	Franz findet viel Gefallen an Nützlichem.
vom Billigen:	Geben sie mir etwas vom Billigen!
am Grün:	Er erfreute sich am Grün der Natur.

3. Eigenschaftswörter, die zu keinem Hauptwort gehören, schreibt man auch dann groß, wenn ein persönliches Fürwort davorsteht, z.B.

   Mutter brachte Hans, **ihren** **Jüngsten**, zur Schule
   ↑ ↑
   persönl. Fürwort Eigensch.wort, namenwörtlich gebraucht

> unser Schnellster - ihr Liebster - mein Frecher - dein Bester
> euer Dicker - sein Größter

Finde je einen passenden Beispielsatz!

Manfred war beim 100m - Lauf wieder einmal unser Schnellster.

Jeder weiß, wer ihr Liebster war.

Thomas war in dieser Klasse mein Frecher.

Wer war denn nun eigentlich dein Bester?

Ich weiß noch genau, daß Wolfgang euer Dicker war.

Michael, sein Größter, sprang als erster aus dem Boot.

4. Erläutere die Beispielsätze!

   Er wurde Hans, **der Lange**, genannt.   Sie wünschte ihr **alles Gute.**

   Geschlechtswort   EW, namenwörtl. gebr.   Zahlwort   EW, namenwörtl. gebr.

Besonderheiten der Groß- und Kleinschreibung: Zeitangaben

Fernsehen - ein beliebter Zeitvertreib!

Viele Kinder sitzen in den Ferien bereits am Morgen stundenlang vor dem Fernseher. Es ist völlig egal, was vormittags läuft - Hauptsache, der Bildschirm flimmert! Oft reichen ein bis zwei Stunden nicht aus. Es gibt Jugendliche und Kinder, die nicht nur am Morgen und am Nachmittag, sondern sogar abends fernsehen. Viel besser wäre es, wenn sie das Programm kritisch durchlesen würden. Mit den Eltern zusammen könnten sie Sendungen auswählen, die ihrem jeweiligen Alter entsprechen. So könnte vermieden werden, daß Kinder Sendungen ansehen, die am vorherigen Abend im Erwachsenenprogramm gezeigt wurden. Auch die Dauer der Fernsehzeit sollte begrenzt werden. Sowohl freitags als auch samstags wird am meisten ferngesehen. Der Sonntag ist gerade bei schlechtem Wetter für viele der Fernsehtag Nummer 1! In der Schule schwärmen mitunter sogar Grundschüler vom Krimi von gestern abend.

1. **Unterstreiche die Zeitangaben im Text!**
   Ordne sie dann in die Säcke ein und finde eigene Beispiele!

am Abend	nachmittags	heute abend

2. **Beantworte die folgenden Fragen!**

   Wann werden Fledermäuse aktiv?   am Abend   -   abends

   Wann scheint der Mond?   _____

   Wann geht die Sonne auf?   _____

   Wann hast du Zeit für Hausaufgaben?   _____

   Wann beginnt die Woche?   _____

   Wann gehen viele Menschen in die Kirche?   _____

   Wann wird der Faule fleißig?   _____

| DEUTSCH Rechtschreiben | NAME: _____ | KLASSE: __ | DATUM: _____ | NR: __ |

Besonderheiten der Groß- und Kleinschreibung: Zeitangaben

Wir wissen nun: Befindet sich ein "s" am Ende von Zeitangaben
                  (z.B. abends), so _____

| Klein-
?
schreibung
?
Groß- |

Werden die Wörter <u>gestern</u>, <u>heute</u>, <u>morgen</u> mit Zeitangaben
verbunden (z.B. gestern abend), so _____
_____

Aber: Wenn ein Begleiter (der, ein, diesen ...) oder ein Verhältniswort
        (am, gegen, zum ...) vor der Zeitangabe steht, dann wird
        _____

3. Bilde zu den vorgegebenen Wörtern passende Sätze!

   der Morgen: _____
   diesen Dienstag: _____
   des Abends: _____
   am Nachmittag: _____
   zum Sonntag: _____
   gegen Mittag: _____

4. Setze die jeweils richtige Form von Abend, abend oder abends ein!

   Heute _____ gehen wir ins Kino. - Als ich am _____
   aus dem Fenster blickte, regnete es stark. - Vor allem _____
   kann es zu Gewittern kommen. - Am Sonntag _____ ist die ganze
   Familie zu Hause. - Am _____ wird der Faule fleißig. - Wir unter-
   nahmen gestern _____ mit dem Fahrrad einen Ausflug ins Grüne. -
   Das war ein wunderschöner _____. - Gegen _____ befanden
   wir uns in bester Laune. - Er reist früh am _____ ab.

5. <u>Beachte:</u>

   Wir gehen <u>Sonntag morgen</u> in die Kirche.
   Zu Hause gefiel uns der <u>Sonntagmorgen</u> am besten.

   Finde ein eigenes Beispiel!

   _____
   _____

Besonderheiten der Groß- und Kleinschreibung: Zeitangaben

Fernsehen - ein beliebter Zeitvertreib!

Viele Kinder sitzen in den Ferien bereits am Morgen stundenlang vor dem Fernseher. Es ist völlig egal, was vormittags läuft - Hauptsache, der Bildschirm flimmert! Oft reichen ein bis zwei Stunden nicht aus. Es gibt Jugendliche und Kinder, die nicht nur am Morgen und am Nachmittag, sondern sogar abends fernsehen. Viel besser wäre es, wenn sie das Programm kritisch durchlesen würden. Mit den Eltern zusammen könnten sie Sendungen auswählen, die ihrem jeweiligen Alter entsprechen. So könnte vermieden werden, daß Kinder Sendungen ansehen, die am vorherigen Abend im Erwachsenenprogramm gezeigt wurden. Auch die Dauer der Fernsehzeit sollte begrenzt werden. Sowohl freitags als auch samstags wird am meisten ferngesehen. Der Sonntag ist gerade bei schlechtem Wetter für viele der Fernsehtag Nummer 1! In der Schule schwärmen mitunter sogar Grundschüler vom Krimi von gestern abend.

1. Unterstreiche die Zeitangaben im Text!
   Ordne sie dann in die Säcke ein und finde eigene Beispiele!

am Abend	nachmittags	heute abend
am Morgen	vormittags	gestern abend
am Nachmittag	abends	morgen früh
der Sonntag	freitags	vorgestern morgen
am vorherigen Abend	samstags	morgen mittag

2. Beantworte die folgenden Fragen!

Wann werden Fledermäuse aktiv?	am Abend - abends
Wann scheint der Mond?	in der Nacht - nachts
Wann geht die Sonne auf?	am Morgen - morgens
Wann hast du Zeit für Hausaufgaben?	am Nachmittag - nachmittags
Wann beginnt die Woche?	am Montag - montags
Wann gehen viele Menschen in die Kirche?	am Sonntag - sonntags
Wann wird der Faule fleißig?	am Abend - abends

| DEUTSCH Rechtschreiben | NAME: _____ | KLASSE: __ | DATUM: _____ | NR: __ |

Besonderheiten der Groß- und Kleinschreibung: Zeitangaben

> Wir wissen nun: Befindet sich ein "s" am Ende von Zeitangaben
>
> ┌──────────┐ (z.B. abends), so _wird das Wort klein geschrieben._
> │ Klein-   │
> │   ?   │ Werden die Wörter <u>gestern</u>, <u>heute</u>, <u>morgen</u> mit Zeitangaben
> │ schreibung│
> │   ?   │ verbunden (z.B. gestern abend), so _werden beide Wörter_
> │ Groß-   │
> └──────────┘ _klein geschrieben._
>
> Aber: Wenn ein Begleiter (der, ein, diesen ...) oder ein Verhältniswort
>   (am, gegen, zum ...) vor der Zeitangabe steht, dann wird
>   _die Zeitangabe groß geschrieben._

3. Bilde zu den vorgegebenen Wörtern passende Sätze!

   der Morgen: Nicht selten ist der Morgen die schönste Zeit des Tages.
   diesen Dienstag: Diesen Dienstag muß das Schwimmen entfallen.
   des Abends: Er genoß am Waldrand die Stille des Abends.
   am Nachmittag: Seine Hausaufgaben erledigte er am Nachmittag.
   zum Sonntag: Der Wetterumschwung wird zum Sonntag erwartet.
   gegen Mittag: Simon kommt gegen Mittag zu dir.

4. Setze die jeweils richtige Form von Abend, abend oder abends ein!

   Heute _abend_ gehen wir ins Kino. - Als ich am _Abend_
   aus dem Fenster blickte, regnete es stark. - Vor allem _abends_
   kann es zu Gewittern kommen. - Am Sonntag _abend_ ist die ganze
   Familie zu Hause. - Am _Abend_ wird der Faule fleißig. - Wir unter-
   nahmen gestern _abend_ mit dem Fahrrad einen Ausflug ins Grüne. -
   Das war ein wunderschöner _Abend_. - Gegen _Abend_ befanden
   wir uns in bester Laune. - Er reist früh am _Abend_ ab.

5. **Beachte:**

   Wir gehen <u>Sonntag morgen</u> in die Kirche.
   Zu Hause gefiel uns der <u>Sonntagmorgen</u> am besten.

   Finde ein eigenes Beispiel!

   Wir haben jeden Freitag morgen Geschichte.

   Den Freitagmorgen wollen wir am liebsten.

Zusammen- und Getrenntschreibung

Hinweise für Schüler

Michael geht eigentlich ganz gerne in die Schule. Mit seinen Klassenkameraden versteht er sich ausgezeichnet und auch mit den Lehrern kommt er gut aus. Trotzdem würde er manchmal am liebsten im Bett liegen bleiben und noch eine Weile schlafen. Andererseits möchte er sich auch nicht gehenlassen und so erscheint er auch heute wieder pünktlich zum Unterricht. Michael führt ein Tagebuch, in dem er Gedanken festhalten will, die ihn bewegen. Heute sind dies Gedanken zum Thema "Schule". Er schreibt:

"Manchmal habe ich Angst, am Ende des Schuljahres sitzenzubleiben. Wenn ich nur an die Schwierigkeiten im Fach Mathematik denke. Manchmal erscheint mir eine Aufgabe als recht einfach, dann wiederum suche ich erfolglos nach einem vernünftigen Lösungsweg. Aber es hilft nichts - ich werde den Kopf nicht hängenlassen. Ich muß vor allem wichtige Unterrichtsergebnisse in Stichworten festhalten und sie mir zu Hause nochmals gründlich durchdenken. Auch die nächste Biologieprobe wird mir sicher nicht leichtfallen, aber irgendwie werde ich es schon schaffen!. Das Vorhaben, wieder bessere Noten zu schreiben, werde ich nicht fallenlassen!"

1. **Zusammengeschrieben** werden zwei Wörter grundsätzlich dann, wenn durch die Verbindung ein neuer Begriff entsteht!

    z.B.: Du sollst den Kopf nicht **hängenlassen**! (nicht verzweifeln)

    aber: Du sollst das Bild an der Wand **hängen lassen**!

    Ergänze die folgenden Sätze! Die passenden Wörter findest du im Ausgangstext! Entscheide: zusammen oder getrennt?

    Auf frisch gewachstem Boden kann man _____ . Du solltest ein

    geplantes Vorhaben nicht einfach _____ . Wir sollten noch

    im Kreis _____ . Diese Aufgabe ist mir _____ .

    Bitte keine Farbkreiden auf den Teppichboden _____ !

    Bruno wird wohl am Ende des Schuljahres _____ .

    Du solltest an einem gesteckten Ziel _____ . Während des

    Sprints muß der Läufer den Stab _____ . Hans möchte im Bett

    _____ . Diese Arbeit wird wohl noch einige Zeit _____

    _____ . Vor allem sollte man sich nicht _____ .

    Ich werde meinen Freund jetzt _____ .

DEUTSCH Rechtschreiben NAME: _____ KLASSE: __ DATUM: _____ NR: __

2. Überlege immer zuerst: Entsteht durch die Wortverbindung eine neue Bedeutung? Wenn das der Fall ist, schreibe zusammen!

Verwende die folgenden Wörter sinngemäß!

> gut schreiben - richtig stellen - fest halten - wieder holen -
> vorher sagen - breit machen - frei halten - frei sprechen -
> vorwärts kommen - zusammen zählen

a) Bernd geht erst seit einem halben Jahr in die Schule. Er kann jedoch schon _____ . Die Bank muß mir noch die Zinsen _____ .

b) "Diese Aussage meines Gegners muß ich jetzt erst einmal _____", schimpft der Beschuldigte. "Den Schrank müssen wir jetzt noch _____ _____ , dann sind wir fertig", ruft Papa.

c) "Du mußt das Brett jetzt _____", sagt mein Bruder. "An diesem Ziel werde ich _____", erklärt der Politiker.

d) Ich muß die Katze _____ . Claudia muß den letzten Satz noch einmal _____ .

e) "Konntest du das nicht _____?" ärgert sich der Trainer. "Das Wetter kann man eben nicht _____", jammert Sabine.

f) Wir müssen den Kiesweg einen Meter _____ . Der Bär wird sich in dieser Höhle _____ .

g) Der Gewichtheber muß die Hantel _____ . Susi will ihre Freundinnen an diesem Abend _____ .

h) Das Gericht wird den Verkehrssünder mangels Beweisen wohl _____ . Während eines Referates sollte der Redner möglichst _____ .

i) Aufgrund seines Fleißes wird er in seinem Beruf rasch _____ . Die vermißte Gruppe konnte im dichten Dschungel jedoch nur sehr langsam _____ .

j) Zunächst sollten wir alle Teilergebnisse _____ . Wir wollen das Geld nun _____ .

3. **Findest du die Fehler?**

Mein kleiner Bruder muß seinen Spielzeugbagger etwas weiter **zurückstellen**. Vater muß das Auto etwas weiter **zurück stellen**. Ich werde mein Vorhaben zunächst **zurück stellen**. Der kleine Bub kann schon ganz **sichergehen**. Ich muß in diesem Punkt ganz **sichergehen**. Mit deinen Noten wird es weiter **aufwärts gehen**.

Zusammen- und Getrenntschreibung

Hinweise für Schüler

Michael geht eigentlich ganz gerne in die Schule. Mit seinen Klassenkameraden versteht er sich ausgezeichnet und auch mit den Lehrern kommt er gut aus. Trotzdem würde er manchmal am liebsten im Bett <u>liegen bleiben</u> und noch eine Weile schlafen. Andererseits möchte er sich auch nicht <u>gehenlassen</u> und so erscheint er auch heute wieder pünktlich zum Unterricht. Michael führt ein Tagebuch, in dem er Gedanken <u>festhalten</u> will, die ihn bewegen. Heute sind dies Gedanken zum Thema "Schule". Er schreibt:

"Manchmal habe ich Angst, am Ende des Schuljahres <u>sitzenzubleiben</u>. Wenn ich nur an die Schwierigkeiten im Fach Mathematik denke. Manchmal erscheint mir eine Aufgabe als recht einfach, dann wiederum suche ich erfolglos nach einem vernünftigen Lösungsweg. Aber es hilft nichts – ich werde den Kopf nicht <u>hängenlassen</u>. Ich muß vor allem wichtige Unterrichtsergebnisse in Stichworten <u>festhalten</u> und sie mir zu Hause nochmals gründlich durchdenken. Auch die nächste Biologieprobe wird mir sicher nicht <u>leichtfallen</u>, aber irgendwie werde ich es schon schaffen! Das Vorhaben, wieder bessere Noten zu schreiben, werde ich nicht <u>fallenlassen</u>!"

1. Zusammengeschrieben werden zwei Wörter grundsätzlich dann, wenn durch die Verbindung ein neuer Begriff entsteht!

   z.B.: Du sollst den Kopf nicht **hängenlassen**! (nicht verzweifeln)

   aber: Du sollst das Bild an der Wand **hängen lassen**!

   Ergänze die folgenden Sätze! Die passenden Wörter findest du im Ausgangstext! Entscheide: zusammen oder getrennt?

   Auf frisch gewachstem Boden kann man ___leicht fallen___. Du solltest ein geplantes Vorhaben nicht einfach ___fallenlassen___. Wir sollten noch im Kreis ___sitzen bleiben___. Diese Aufgabe ist mir ___leichtgefallen___. Bitte keine Farbkreiden auf den Teppichboden ___fallen lassen___! Bruno wird wohl am Ende des Schuljahres ___sitzenbleiben___. Du solltest an einem gesteckten Ziel ___festhalten___. Während des Sprints muß der Läufer den Stab ___fest halten___. Hans möchte im Bett ___liegen bleiben___. Diese Arbeit wird wohl noch einige Zeit ___liegenbleiben___. Vor allem sollte man sich nicht ___gehenlassen___. Ich werde meinen Freund jetzt ___gehen lassen___.

| DEUTSCH Rechtschreiben | NAME: _____ | KLASSE: __ | DATUM: ____ | NR: __ |

2. Überlege immer zuerst: Entsteht durch die Wortverbindung eine neue Bedeutung? Wenn das der Fall ist, schreibe zusammen!

Verwende die folgenden Wörter sinngemäß!

> gut schreiben - richtig stellen - fest halten - wieder holen -
> vorher sagen - breit machen - frei halten - frei sprechen -
> vorwärts kommen - zusammen zählen

a) Bernd geht erst seit einem halben Jahr in die Schule. Er kann jedoch schon __gut schreiben__. Die Bank muß mir noch die Zinsen __gutschreiben__.

b) "Diese Aussage meines Gegners muß ich jetzt erst einmal __richtigstellen__", schimpft der Beschuldigte. "Den Schrank müssen wir jetzt noch __richtig stellen__, dann sind wir fertig", ruft Papa.

c) "Du mußt das Brett jetzt __fest halten__", sagt mein Bruder. "An diesem Ziel werde ich __festhalten__", erklärt der Politiker.

d) Ich muß die Katze __wieder holen__. Claudia muß den letzten Satz noch einmal __wiederholen__.

e) "Konntest du das nicht __vorher sagen__?" ärgert sich der Trainer. "Das Wetter kann man eben nicht __vorhersagen__", jammert Sabine.

f) Wir müssen den Kiesweg einen Meter __breit machen__. Der Bär wird sich in dieser Höhle __breitmachen__.

g) Der Gewichtheber muß die Hantel __frei halten__. Susi will ihre Freundinnen an diesem Abend __freihalten__.

h) Das Gericht wird den Verkehrssünder mangels Beweisen wohl __freisprechen__. Während eines Referates sollte der Redner möglichst __frei sprechen__.

i) Aufgrund seines Fleißes wird er in seinem Beruf rasch __vorwärtskommen__. Die vermißte Gruppe konnte im dichten Dschungel jedoch nur sehr langsam __vorwärts kommen__.

j) Zunächst sollten wir alle Teilergebnisse __zusammenzählen__. Wir wollen das Geld nun __zusammen zählen__.

3. Findest du die Fehler?

Mein kleiner Bruder muß seinen Spielzeugbagger etwas weiter zurück stellen. Vater muß das Auto etwas weiter zurückstellen. Ich werde mein Vorhaben zunächst zurückstellen. Der kleine Bub kann schon ganz sicher gehen. Ich muß in diesem Punkt ganz sichergehen. Mit deinen Noten wird es weiter aufwärtsgehen.

Mitlautverdoppelung

Leben auf einer Ritterburg

Das Mittelalter war die hohe Zeit des Rittertums. Überall im Land erhoben sich auf Bergen und Anhöhen die wehrhaften Burgen. Innerhalb ihrer Mauern spielte sich das Leben der Ritter, ihrer Knappen und der Burgfräulein ab. In Kriegszeiten bot die Burg mit ihren Wehranlagen und Vorratsspeichern der ritterlichen Familie und ihren Bauern Schutz. Die Anlage war mit Wohnräumen, einer großen Halle für festliche Zusammenkünfte, der Burgkapelle und zahlreichen Wirtschaftsgebäuden ausgestattet. Im Turm der Burg, dem sogenannten Bergfried, befanden sich das Verlies und die Schatzkammer. Er stellte meist den letzten Zufluchtsort dar. Der Alltag auf der Burg war hart und unbequem. Da Scheiben unbekannt waren, blies der Wind in der kalten Jahreszeit durch die notdürftig verhängten Fensteröffnungen. Kienspäne und Fackeln erleuchteten die Zimmer nur schwach.
Für Abwechslung sorgten Jagdausflüge, Turniere oder der Besuch eines "fahrenden Sängers", der die ritterliche Gesellschaft unterhielt.

1. Unterstreiche die Wörter mit **Mitlautverdoppelung**!
2. Ordne die Wörter mit "ll", "mm", "nn" und "tt" in die Tabelle ein!

"ll"	"mm"	"nn"	"tt"

3. Im Text findest du je ein Wort mit "pp" und "ff". Unterstreiche es und schreibe es heraus!

_____

DEUTSCH Rechtschreiben

NAME: _____ KLASSE: __ DATUM: _____ NR: __

4. Setze den richtigen Doppellaut ein!

Zi___er, Ka___er, A___e, Sti___e, Gewi___er, Ha___er.

ko___en, ra___en, bi___en, kö___en, zi___ern, wo___en.

fro___, du___, he___lich, schli___, vo___, fü___ig.

5. Bilde zusammengesetzte Namenwörter!

Burg, Fahrrad, Schatz, Kinder, Baum, Leben, Luft, Öl, Land, Menschen, Regen, Fuß, Wein, Bären

Fell, Stamm, Zimmer, Keller, Ball, Ratte, Kette, Kammer, Kapelle, Kanne, Wetter, Affe, Retter, Ballon

_____

_____

_____

_____

6. Bilde Reimwörter!

Klappe	-	Schl_____	-	Kn_____	-	K_____	-	M_____
Kette	-	Kl_____	-	W_____	-	M_____	-	r_____
Schall	-	H_____	-	Kn_____	-	F_____	-	B_____
Stamm	-	Schw_____	-	L_____	-	K_____	-	D_____
Pfanne	-	K_____	-	T_____	-	W_____	-	P_____

7. Löse das Rätsel!

Die Anfangsbuchstaben von oben nach unten gelesen ergeben das Lösungswort.

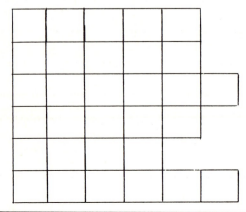

häßliches Nagetier

stets

Aufgabe aus mehreren Stufen

einheimischer Nadelbaum

Unterarmknochen; altes Längenmaß

Helfer in der Not

Mitlautverdoppelung

Leben auf einer Ritterburg

Das Mittelalter war die hohe Zeit des Rittertums. Überall im Land erhoben sich auf Bergen und Anhöhen die wehrhaften Burgen. Innerhalb ihrer Mauern spielte sich das Leben der Ritter, ihrer Knappen und der Burgfräulein ab. In Kriegszeiten bot die Burg mit ihren Wehranlagen und Vorratsspeichern der ritterlichen Familie und ihren Bauern Schutz. Die Anlage war mit Wohnräumen, einer großen Halle für festliche Zusammenkünfte, der Burgkapelle und zahlreichen Wirtschaftsgebäuden ausgestattet. Im Turm der Burg, dem sogenannten Bergfried, befanden sich das Verlies und die Schatzkammer. Er stellte meist den letzten Zufluchtsort dar. Der Alltag auf der Burg war hart und unbequem. Da Scheiben unbekannt waren, blies der Wind in der kalten Jahreszeit durch die notdürftig verhängten Fensteröffnungen. Kienspäne und Fackeln erleuchteten die Zimmer nur schwach.
Für Abwechslung sorgten Jagdausflüge, Turniere oder der Besuch eines "fahrenden Sängers", der die ritterliche Gesellschaft unterhielt.

1. Unterstreiche die Wörter mit Mitlautverdoppelung!

2. Ordne die Wörter mit "ll", "mm", "nn" und "tt" in die Tabelle ein!

"ll"	"mm"	"nn"	"tt"
überall	Zusammenkünfte	innerhalb	Ritterburg
Burgkapelle	Schatzkammer	sogenannten	Mittelalter
stellte	Zimmer	unbekannt	Rittertum
Alltag			Ritter
Gesellschaft			ritterlich
Halle			ausgestattet

3. Im Text findest du je ein Wort mit "pp" und "ff". Unterstreiche es und schreibe es heraus!

Knappen, Fensteröffnungen

DEUTSCH Rechtschreiben NAME: ___ KLASSE: __ DATUM: ___ NR: __

4. Setze den richtigen Doppellaut ein!

Zi<u>mm</u>er, Ka<u>mm</u>er, A<u>mm</u>e, Sti<u>mm</u>e, Gewi<u>mm</u>er, Ha<u>mm</u>er.

ko<u>mm</u>en, ra<u>mm</u>en, bi<u>tt</u>en, kö<u>nn</u>en, zi<u>tt</u>ern, wo<u>ll</u>en.

fro<u>mm</u>, du<u>mm</u>, he<u>rr</u>lich, schli<u>mm</u>, vo<u>ll</u>, fü<u>ll</u>ig.

5. Bilde zusammengesetzte Namenwörter!

Burg, Fahrrad, Schatz, Kinder, Baum, Leben, Luft, Öl, Land, Menschen, Regen, Fuß, Wein, Bären

Fell, Stamm, Zimmer, Keller, Ball, Ratte, Kette, Kammer, Kapelle, Kanne, Wetter, Affe, Retter, Ballon

Burgkapelle, Fahrradkette, Schatzkammer, Kinderzimmer, Baumstamm, Lebensretter, Luftballon, Ölkanne, Landratte, Menschenaffe, Regenwetter, Fußball, Weinkeller, Bärenfell

6. Bilde Reimwörter!

Klappe	- Schlappe	- Knappe	- Kappe	- Mappe
Kette	- Klette	- Wette	- Mette	- rette
Schall	- Hall	- Knall	- Fall	- Ball
Stamm	- Schwamm	- Lamm	- Kamm	- Damm
Pfanne	- Kanne	- Tanne	- Wanne	- Panne

7. Löse das Rätsel!

Die Anfangsbuchstaben von oben nach unten gelesen ergeben das Lösungswort.

R	a	t	t	e	
i	m	m	e	r	
T	r	e	p	p	e
T	a	n	n	e	
E	l	l	e		
R	e	t	t	e	r

häßliches Nagetier

stets

Aufgang aus mehreren Stufen

einheimischer Nadelbaum

Unterarmknochen; altes Längenmaß

Helfer in der Not

Mitlautverdoppelung

Römer und Germanen

Als die Römer unter Statthalter Varus von germanischen Stämmen im Teutoburger Wald besiegt worden waren, zogen sie sich zurück und bauten den Limes. Dieser Grenzwall verband die beiden Flüsse Rhein und Donau. Gesichert wurde er durch Kastelle, wie die festen Truppenlager genannt wurden. Bei Gefahr konnte man sich über die Wachtürme durch Feuer- und Rauchzeichen verständigen.

Die Germanen konnten nur an den Straßen einzeln und unbewaffnet über die Grenze kommen und mußten für die Waren, die sie bei sich hatten, Zoll bezahlen.

Sie trieben aber auch Handel mit den Römern. Gegen Bernstein, Felle und Feldfrüchte tauschten die Germanen Pfeffer, Wein, Birnen und andere Dinge, die ihnen bis dahin unbekannt waren. Daneben lernten sie aber auch den Umgang mit Geld, das Bauen befestigter Straßen und das Errichten von Häusern aus Stein mit Kellern und einzelnen Kammern.

Viele unserer heutigen Städte gehen auf Römersiedlungen aus dieser Zeit zurück.

1. Unterstreiche die im Text vorkommenden Wörter mit verdoppeltem Mitlaut!

2. Schreibe die Wörter aus dem Text heraus!

_____

_____

_____

_____

3. Lies die Wörter und achte bei der Aussprache auf den Selbstlaut, der dem verdoppelten Mitlaut vorausgeht!

Merke: _____

_____

_____

4. Setze das entsprechende Wort aus dem Text ein!

Varus war römischer _____. "Limes" ist die Bezeichnung für den _____ zwischen Germanien und dem Römischen Reich. Die römischen Truppenlager wurden "_____" genannt.

DEUTSCH Rechtschreiben

NAME: _____ KLASSE: __ DATUM: _____ NR: __

5. Finde Wörter aus der entsprechenden Wortfamilie!

Zeitwort	Hauptwort	Eigenschaftswort
	Kenntnis	
retten		
wollen		
	Bitte	
		füllig
glätten		
		hell
	Knall	

6. Bilde aus den folgenden Silben Wörter der nachstehenden Bedeutung!

am-, ball-, erd-, grup-, lamm-, lat-, me-, mer-, nat-, pe-, ret-, te-, te-, ter-, tung-, wat-, zim-.

Gleichgesinnte _____
Hilfe in der Not _____
Erdkugel, Globus _____
Schlangenart _____
Raum im Haus _____
weiches Material _____
Nährmutter _____
schmales Holzbrett _____
junges Schaf _____

Die Anfangsbuchstaben der Lösungswörter ergeben von oben nach unten gelesen ein anderes Wort für "Limes".

7. Suche Wörter gegensätzlicher Bedeutung!

gescheit - _____; langsam - _____; gerade - _____;

hungrig - _____; niemals - _____; teuer - _____;

dunkel - _____; dick - _____; Hölle - _____;

danken - _____; mager - _____; leer - _____;

| DEUTSCH Rechtschreiben | NAME: | KLASSE: | DATUM: | NR: |

Mitlautverdoppelung

Römer und Germanen

Als die Römer unter Statthalter Varus von germanischen Stämmen im Teutoburger Wald besiegt worden waren, zogen sie sich zurück und bauten den Limes. Dieser Grenzwall verband die beiden Flüsse Rhein und Donau. Gesichert wurde er durch Kastelle, wie die festen Truppenlager genannt wurden. Bei Gefahr konnte man sich über die Wachtürme durch Feuer- und Rauchzeichen verständigen.

Die Germanen konnten nur an den Straßen einzeln und unbewaffnet über die Grenze kommen und mußten für die Waren, die sie bei sich hatten, Zoll bezahlen.

Sie trieben aber auch Handel mit den Römern. Gegen Bernstein, Felle und Feldfrüchte tauschten die Germanen Pfeffer, Wein, Birnen und andere Dinge, die ihnen bis dahin unbekannt waren. Daneben lernten sie aber auch den Umgang mit Geld, das Bauen befestigter Straßen und das Errichten von Häusern aus Stein mit Kellern und einzelnen Kammern.

Viele unserer heutigen Städte gehen auf Römersiedlungen aus dieser Zeit zurück.

1. Unterstreiche die im Text vorkommenden Wörter mit verdoppeltem Mitlaut!

2. Schreibe die Wörter aus dem Text heraus!

Statthalter, Stämme, Grenzwall, (Flüsse), Kastelle, Truppenlager, genannt, konnte, konnten, unbewaffnet, kommen, hatten, Zoll, Felle, Pfeffer, unbekannt, Keller, Kammern

3. Lies die Wörter und achte bei der Aussprache auf den Selbstlaut, der dem verdoppelten Mitlaut vorausgeht!

> **Merke:** Eine Mitlautverdoppelung kann nur vorliegen, wenn der Selbstlaut (a, e, i ...) davor auch wirklich kurz gesprochen wird.

4. Setze das entsprechende Wort aus dem Text ein!

Varus war römischer __Statthalter__. "Limes" ist die Bezeichnung für den __Grenzwall__ zwischen Germanien und dem Römischen Reich. Die römischen Truppenlager wurden "__Kastelle__" genannt.

DEUTSCH Rechtschreiben | NAME: _____ | KLASSE: __ | DATUM: _____ | NR: __

5. Finde Wörter aus der entsprechenden Wortfamilie!

Zeitwort	Hauptwort	Eigenschaftswort
kennen	Kenntnis	erkennbar
retten	Retter	gerettet
wollen	Wille	willig
bitten	Bitte	unerbittlich
füllen	Fülle	füllig
glätten	Glätte	glatt
erhellen	Helligkeit	hell
knallen	Knall	knallig

6. Bilde aus den folgenden Silben Wörter der nachstehenden Bedeutung!

am-, ball-, erd-, grup-, lamm-, lat-, me-, mer-, nat-, pe-, ret-, te-, te-, ter-, tung-, wat-, zim-.

Gleichgesinnte	Gruppe
Hilfe in der Not	Rettung
Erdkugel, Globus	Erdball
Schlangenart	Natter
Raum im Haus	Zimmer
weiches Material	Watte
Nährmutter	Amme
schmales Holzbrett	Latte
junges Schaf	Lamm

Die Anfangsbuchstaben der Lösungswörter ergeben von oben nach unten gelesen ein anderes Wort für "Limes".

7. Suche Wörter gegensätzlicher Bedeutung!

gescheit - dumm ; langsam - schnell ; gerade - krumm ;

hungrig - satt ; niemals - immer ; teuer - billig ;

dunkel - hell ; dick - dünn ; Hölle - Himmel ;

danken - bitten ; mager - fett ; leer - voll ;

Dativ oder Akkusativ – 3. oder 4. Fall?

Griechische Demokratie und Kultur

Gebirgszüge, Meeresarme und Inseln trugen in Griechenland dazu bei, daß viele kleinere Gemeinwesen entstanden. Einen besonderen Aufschwung nahm schon früh die Stadt Athen. Ihr Umland und das Stadtgebiet selbst bildeten einen sogenannten Stadtstaat oder - wie die Griechen sagten - eine Polis. Fleißige Handwerker und Bauern, die Arbeit vieler Sklaven und günstige Handelsverbindungen über das Meer hinweg verhalfen den Athenern zu großem Reichtum.

In Athen bestimmten nicht mehr Könige, sondern erstmals in der Geschichte alle freien Männer die Geschicke des Staates. In der Volksversammlung entschieden sie über die äußeren und inneren Belange. Hier liegen die Anfänge der Volksherrschaft (Demokratie). Frauen und Zugewanderte durften an diesen Entscheidungen noch nicht teilnehmen. Auch die Sklaven mußten sich jedem getroffenen Beschluß beugen. Jeder Sklave gehörte einem Herrn und wurde als dessen Werkzeug betrachtet.

1. Ein **Satz** besteht aus einem **Satzgegenstand**, einer **Satzaussage**, häufig auch aus einer **Satzergänzung**.

   Satzergänzungen im 3. Fall (Dativobjekt) werden mit "_____" erfragt, z.B.:

   Der Nachbar hilft **seinem Freund.**

   Frage: _____ ?

   Antwort: _____ (3. Fall)

   Satzergänzungen im 4. Fall (Akkusativobjekt) werden mit "_____" erfragt, z.B.:

   Tobias besucht **seinen Freund.**

   Frage: _____ ?

   Antwort: _____ (4. Fall)

Bestimme in den nachfolgenden Sätzen die Satzergänzungen im dritten bzw. im vierten Fall und unterstreiche! (SE 3. Fall = grün; SE im 4. Fall = blau)

Der Forscher begegnet einem Wilden. Der Schneider flickt die Hose. Wir streichen die Wand. Ich schreibe meinem Freund. Sie schreibt einen Brief. Hast du das Buch gekauft? Der Hund folgte dem Jäger. Das Spiel gefällt den Kindern. Ich werde dir helfen. Ich pflücke die Kirschen. Ich erkenne den gestohlenen Ring wieder. Wir trauen unserem Ersatzspieler eine starke Leistung zu. Der Polizist hilft einem blinden Mann über die Straße. Im Herbst erhalten wir einen neuen Wagen. Hans winkt den Kindern zu. Das Fahrrad gehört dem Mädchen. Ich sehe mir das Spiel im Fernsehen an. Der neue Fahrer zieht dem Feld davon.

DEUTSCH Rechtschreiben | NAME: _____ | KLASSE: __ | DATUM: _____ | NR: __

Dativ oder Akkusativ – 3. oder 4. Fall?

2. Bilde sinnvolle Sätze!

Helmut bringt   - ihren bunten Einkaufskorb.
Sandra vergißt   - meinem Hund.
Wir singen   - den Brief zur Post.
Der Tierarzt half   - unserem Geburtstagskind ein Lied.

_____

_____

_____

_____

3. "Dem" oder "den"? "Ihm" oder "ihn"? Ergänze!

Ihr müßt noch kurz warten, wenn ihr _____ Verkäufer sprechen wollt.

_____ Maler blieb nur die Möglichkeit, nochmals ganz von vorne zu beginnen.

Ich glaube nicht, daß man _____ einen Vorwurf machen kann.

Der Fremde bat _____ um einen brauchbaren Hinweis.

4. "Diesem" oder "diesen"? "Einem" oder "einen"? Ergänze!

An _____ Tag kann ich mich ganz genau erinnern.

Der Lehrer erklärte _____ Schüler sogar mehrmals den Lösungsweg.

Susanne schenkt ihrer Mutter zum Geburtstag _____ Blumenstock.

Der Sanitäter half _____ Verletzten.

5. "Deinem" oder "deinen"? "Unserem" oder "unseren"? Ergänze!

Gabi trifft _____ Bruder erst in der nächsten Woche wieder.

Ich bin mir sicher, daß ich dies _____ Freund mitteilen muß.

Wir verkaufen das Auto _____ Nachbar.

Michaela bringt _____ Hamster zurück.

6. Findest du die Fehler? Streiche das falsche Wort durch und berichtige!

Die Raumfahrt hat es ermöglicht, daß wir dem Planeten, auf dem wir leben, von außen zu Gesicht bekamen. Er wurde von verschiedenem Raumschiffen aus fotografiert. Wir können unsere Erde mit einen riesigen, kugeligen Raumschiff vergleichen, das sich nach bestimmtem Gesetzen im Weltall bewegt. Da die Erde sozusagen als Raumschiff mit keinem anderen Planeten Verbindung hat, ist der Platz auf ihr begrenzt. Das heißt, daß jeder Schaden, den wir der Erde und unserer Umwelt zufügen, uns und unserem Nachkommen wieder schaden wird.

In diesen Zusammenhang müssen wir sehr genau überlegen, was wir dieser Erde noch zumuten dürfen. Die Voraussetzungen für ein vernünftiges Leben auf unseren Planeten müssen erhalten bleiben.

Dativ oder Akkusativ – 3. oder 4. Fall?

Griechische Demokratie und Kultur

Gebirgszüge, Meeresarme und Inseln trugen in Griechenland dazu bei, daß viele kleinere Gemeinwesen entstanden. Einen besonderen Aufschwung nahm schon früh die Stadt Athen. Ihr Umland und das Stadtgebiet selbst bildeten einen sogenannten Stadtstaat oder – wie die Griechen sagten – eine Polis. Fleißige Handwerker und Bauern, die Arbeit vieler Sklaven und günstige Handelsverbindungen über das Meer hinweg verhalfen den Athenern zu großem Reichtum.

In Athen bestimmten nicht mehr Könige, sondern erstmals in der Geschichte alle freien Männer die Geschicke des Staates. In der Volksversammlung entschieden sie über die äußeren und inneren Belange. Hier liegen die Anfänge der Volksherrschaft (Demokratie). Frauen und Zugewanderte durften an diesen Entscheidungen noch nicht teilnehmen. Auch die Sklaven mußten sich jedem getroffenen Beschluß beugen. Jeder Sklave gehörte einem Herrn und wurde als dessen Werkzeug betrachtet.

1. Ein **Satz** besteht aus einem **Satzgegenstand**, einer **Satzaussage**, häufig auch aus einer **Satzergänzung**.

   Satzergänzungen im 3. Fall (Dativobjekt) werden mit "_Wem?_" erfragt, z.B.:

   Der Nachbar hilft **seinem Freund**.

   Frage: _Wem hilft der Nachbar_ ?

   Antwort: _Seinem Freund_ (3. Fall)

   Satzergänzungen im 4. Fall (Akkusativobjekt) werden mit "_Wen oder was?_" erfragt, z.B.:

   Tobias besucht **seinen Freund**.

   Frage: _Wen besucht Tobias_ ?

   Antwort: _Seinen Freund_ (4. Fall)

Bestimme in den nachfolgenden Sätzen die Satzergänzungen im dritten bzw. im vierten Fall und unterstreiche! (SE 3. Fall = grün; SE im 4. Fall = blau)

Der Forscher begegnet <u>einem Wilden</u>. Der Schneider flickt <u>die Hose</u>. Wir streichen <u>die Wand</u>. Ich schreibe <u>meinem Freund</u>. Sie schreibt <u>einen Brief</u>. Hast du <u>das Buch</u> gekauft? Der Hund folgte <u>dem Jäger</u>. Das Spiel gefällt <u>den Kindern</u>. Ich werde <u>dir</u> helfen. Ich pflücke <u>die Kirschen</u>. Ich erkenne <u>den gestohlenen Ring</u> wieder. Wir trauen <u>unserem Ersatzspieler</u> <u>eine starke Leistung</u> zu. Der Polizist hilft <u>einem blinden Mann</u> über die Straße. Im Herbst erhalten wir <u>einen neuen Wagen</u>. Hans winkt <u>den Kindern</u> zu. Das Fahrrad gehört <u>dem Mädchen</u>. Ich sehe mir <u>das Spiel</u> im Fernsehen an. Der neue Fahrer zieht <u>dem Feld</u> davon.

Dativ oder Akkusativ – 3. oder 4. Fall?

2. Bilde sinnvolle Sätze!

Helmut bringt	- ihren bunten Einkaufskorb.
Sandra vergißt	- meinem Hund.
Wir singen	- den Brief zur Post.
Der Tierarzt half	- unserem Geburtstagskind ein Lied.

Helmut bringt den Brief zur Post.

Sandra vergißt ihren bunten Einkaufskorb.

Wir singen unserem Geburtstagskind ein Lied.

Der Tierarzt half meinem Hund.

3. "Dem" oder "den"? "Ihm" oder "ihn"? Ergänze!

Ihr müßt noch kurz warten, wenn ihr _den_ Verkäufer sprechen wollt.

Dem Maler blieb nur die Möglichkeit, nochmals ganz von vorne zu beginnen.

Ich glaube nicht, daß man _ihm_ einen Vorwurf machen kann.

Der Fremde bat _ihn_ um einen brauchbaren Hinweis.

4. "Diesem" oder "diesen"? "Einem" oder "einen"? Ergänze!

An _diesen_ Tag kann ich mich ganz genau erinnern.

Der Lehrer erklärte _diesem_ Schüler sogar mehrmals den Lösungsweg.

Susanne schenkt ihrer Mutter zum Geburtstag _einen_ Blumenstock.

Der Sanitäter half _einem_ Verletzten.

5. "Deinem" oder "deinen"? "Unserem" oder "unseren"? Ergänze!

Gabi trifft _deinen_ Bruder erst in der nächsten Woche wieder.

Ich bin mir sicher, daß ich dies _deinem_ Freund mitteilen muß.

Wir verkaufen das Auto _unserem_ Nachbar.

Michaela bringt _unseren_ Hamster zurück.

6. Findest du die Fehler? Streiche das falsche Wort durch und berichtige!

Die Raumfahrt hat es ermöglicht, daß wir ~~dem~~ Planeten, auf dem wir leben, von außen zu Gesicht bekamen. Er wurde von ~~verschiedenem~~ Raumschiffen aus fotografiert. Wir können unsere Erde mit ~~einen~~ riesigen, kugeligen Raumschiff vergleichen, das sich nach ~~bestimmtem~~ Gesetzen im Weltall bewegt. Da die Erde sozusagen als Raumschiff mit keinem anderen Planeten Verbindung hat, ist der Platz auf ihr begrenzt. Das heißt, daß jeder Schaden, den wir der Erde und unserer Umwelt zufügen, uns und ~~unserem~~ Nachkommen wieder schaden wird.

In diesen Zusammenhang müssen wir sehr genau überlegen, was wir dieser Erde noch zumuten dürfen. Die Voraussetzungen für ein vernünftiges Leben auf ~~unseren~~ Planeten müssen erhalten bleiben.

Dativ oder Akkusativ – 3. oder 4. Fall?

Wie sollen wir essen?

Neben einer vielseitigen Ernährung gehört vor allem die richtige Verteilung der Mahlzeiten zu einer gesunden Ernährung. Ein Sprichwort sagt: "Iß morgens wie ein König, mittags wie ein Edelmann, abends wie ein Bettler!" Die tägliche Nahrungsaufnahme ist auf drei Hauptmahlzeiten zu verteilen. Mit schwerem und vollem Magen sollte man nicht ins Bett gehen. Du tust deinem Magen einen großen Gefallen, wenn du abends nur leicht verdauliche Kost zu dir nimmst. Vormittags und nachmittags ist die Pausezeit. Bekömmliche Zwischenmahlzeiten sind Obst, Vollkornbrot, Milch und Joghurt. Durch häufige Mahlzeiten, verbunden mit einer guten Mischkost, werden die Verdauungsorgane nicht überlastet. Der Flüssigkeitsbedarf des menschlichen Körpers wird mit täglich 1,5 bis 2 Liter angegeben. Milchgetränke und frische Obstsäfte sind gesünder als manche Fabrikerzeugnisse.

Bedeutsam für die Gesundheit ist auch, daß man die Mahlzeiten in Ruhe und ohne Hast einnimmt. Zeitungslesen, Fernsehen oder sonstige "Nebenbeschäftigungen" während des Essens sind zu vermeiden.

1. **Unterstreiche die Wörter mit den Endungen auf -m und -n, bei denen auch die jeweils andere Endung möglich wäre!**
   z.B.: eine**n** (auch möglich: eine**m**) – aber nicht: essen, Magen, vermeiden ...

2. **Bilde mit diesen Wörtern weitere Sätze! Gebrauche jeweils beide Endungen!**
   z.B.: Ich sehe eine**n** fremden Mann. Der Polizist folgt eine**m** fremden Mann.

_____
_____
_____
_____
_____
_____
_____
_____
_____
_____

Dativ oder Akkusativ – 3. oder 4. Fall?

3. Hilfreich ist die sichere Beherrschung der einzelnen Fälle. Ergänze!

Die 4 Fälle	Frage	Einzahl	Mehrzahl
1. Fall: Wer oder was?	Wer kommt?	das Kind	
2. Fall: Wessen?	Wessen Ball?		
3. Fall: Wem?	Wem sehen wir zu?		
4. Fall: Wen oder was?	Wen hören wir?		

4. Bestimme in den folgenden Sätzen die einzelnen Fälle und unterstreiche!
   (1. Fall = gelb, 2. Fall = rot, 3. Fall = grün, 4. Fall = blau)

Werner hilft seinem Onkel. Die Bauarbeiter reißen die Straße auf. Der Keller des Hauses steht unter Wasser. Wir trafen unsere Freunde vor dem Kino. Frau Huber bezichtigte Frau Müller der Lüge. Endlich brachte die Polizei den Dieb vor den Richter. Der Redner anwortet einem aufmerksamen Zuhörer. Der Friseur schneidet mir die Haare. Ein Teil der Ernte ist durch Hagelschlag vernichtet worden. Marion besucht ihre Freundin heute in München.

5. Geschlechtswörter und besitzanzeigende Fürwörter enden auf -m, wenn sie auf die Fragen "Wem?" oder "Wo?" antworten.
   Wenn die Fragen "Wen?" oder "Wohin?" möglich sind, bekommen sie die Endung -n.

   Geschlechtswörter: _____

   Besitzanzeigende Fürwörter: _____

   Füge die folgenden Wörter in der richtigen Form in die Sätze ein!

   z.B.: (der): Ich schenke **dem** armen Mann ein Geldstück.

   (mein): Ich leihe dem Mädchen _____ Füller.
   (der):   Ich suche schon wieder _____ Hausschlüssel.
   (ihr):   Sie bringt _____ Vater eine Zeitung mit.
   (unser): Wir machen _____ Betreuern einen interessanten Vorschlag.
   (ein):   Der Trainer gab _____ schnelleren Läufer den Vorzug.
   (dein): Hast du _____ Freunden dies schon mitgeteilt?
   (ein):   Unsere Klasse macht _____ Ausflug ins Naherholungsgebiet.
   (der):   Wir wollen unsere Tante auf _____ Bahnhof treffen.
   (sein): In _____ Haus befinden sich seltene Möbelstücke.
   (euer): Jetzt laufen wir in _____ Garten.
   (ein):   Heute entwickelt er _____ außerordentlichen Fleiß.
   (das):   Sandra sieht _____ Kind beim Spielen zu.

Dativ oder Akkusativ – 3. oder 4. Fall?

Wie sollen wir essen?

Neben einer vielseitigen Ernährung gehört vor allem die richtige Verteilung der Mahlzeiten zu einer gesunden Ernährung. Ein Sprichwort sagt: "Iß morgens wie ein König, mittags wie ein Edelmann, abends wie ein Bettler!" Die tägliche Nahrungsaufnahme ist auf drei Hauptmahlzeiten zu verteilen. Mit schwerem und vollem Magen sollte man nicht ins Bett gehen. Du tust deinem Magen einen großen Gefallen, wenn du abends nur leicht verdauliche Kost zu dir nimmst. Vormittags und nachmittags ist die Pausezeit. Bekömmliche Zwischenmahlzeiten sind Obst, Vollkornbrot, Milch und Joghurt. Durch häufige Mahlzeiten, verbunden mit einer guten Mischkost, werden die Verdauungsorgane nicht überlastet. Der Flüssigkeitsbedarf des menschlichen Körpers wird mit täglich 1,5 bis 2 Liter angegeben. Milchgetränke und frische Obstsäfte sind gesünder als manche Fabrikerzeugnisse.

Bedeutsam für die Gesundheit ist auch, daß man die Mahlzeiten in Ruhe und ohne Hast einnimmt. Zeitungslesen, Fernsehen oder sonstige "Nebenbeschäftigungen" während des Essens sind zu vermeiden.

1. **Unterstreiche die Wörter mit den Endungen auf -m und -n, bei denen auch die jeweils andere Endung möglich wäre!**

    z.B.: einen (auch möglich: einem) – aber nicht: essen, Magen, vermeiden ...

2. **Bilde mit diesen Wörtern weitere Sätze! Gebrauche jeweils beide Endungen!**

    z.B.: Ich sehe einen fremden Mann. Der Polizist folgt einem fremden Mann.

Markus geht vielseitigen Tätigkeiten nach. Das Taschenmesser eignet sich zu vielseitigem Gebrauch. Er erhielt Glückwünsche von allen Seiten, vor allem von seinen Schulkameraden. Milch gehört zu einer gesunden Ernährung. Er ging mit gesundem Selbstvertrauen an die Aufgabe heran. Mit schweren Gliedern wachte er auf. Der Angriff erfolgte unter schwerem Beschuß. Wir bewundern die vollen Schaufenster. Mit vollem Magen sollte man nicht ins Wasser gehen. Was passiert mit deinen Büchern? – Schenke sie doch deinem Bruder! Der Künstler wurde mit großem Beifall verabschiedet. Sie bewunderte die großen Verkaufsstände. Der Pilot startete bei gutem Wetter. Er verabschiedete sich mit vielen guten Wünschen.

Dativ oder Akkusativ - 3. oder 4. Fall?

3. Hilfreich ist die sichere Beherrschung der einzelnen Fälle. Ergänze!

Die 4 Fälle	Frage	Einzahl	Mehrzahl
1. Fall: Wer oder was?	Wer kommt?	das Kind	die Kinder
2. Fall: Wessen?	Wessen Ball?	des Kindes	der Kinder
3. Fall: Wem?	Wem sehen wir zu?	dem Kind	den Kindern
4. Fall: Wen oder was?	Wen hören wir?	das Kind	die Kinder

4. Bestimme in den folgenden Sätzen die einzelnen Fälle und unterstreiche!
(1. Fall = gelb, 2. Fall = rot, 3. Fall = grün, 4. Fall = blau)

Werner hilft seinem Onkel. Die Bauarbeiter reißen die Straße auf. Der Keller des Hauses steht unter Wasser. Wir trafen unsere Freunde vor dem Kino. Frau Huber bezichtigte Frau Müller der Lüge. Endlich brachte die Polizei den Dieb vor den Richter. Der Redner anwortet einem aufmerksamen Zuhörer. Der Friseur schneidet mir die Haare. Ein Teil der Ernte ist durch Hagelschlag vernichtet worden. Marion besucht ihre Freundin heute in München.

5. Geschlechtswörter und besitzanzeigende Fürwörter enden auf -m, wenn sie auf die Fragen "Wem?" oder "Wo?" antworten.
Wenn die Fragen "Wen?" oder "Wohin?" möglich sind, bekommen sie die Endung -n.

Geschlechtswörter: der, die, das, ein, eine

Besitzanzeigende Fürwörter: mein, dein, sein, ihr, unser, euer,

Füge die folgenden Wörter in der richtigen Form in die Sätze ein!

z.B.: (der): Ich schenke **dem** armen Mann ein Geldstück.

(mein): Ich leihe dem Mädchen _meinen_ Füller.
(der): Ich suche schon wieder _den_ Hausschlüssel.
(ihr): Sie bringt _ihrem_ Vater eine Zeitung mit.
(unser): Wir machen _unseren_ Betreuern einen interessanten Vorschlag.
(ein): Der Trainer gab _einem_ schnelleren Läufer den Vorzug.
(dein): Hast du _deinen_ Freunden dies schon mitgeteilt?
(ein): Unsere Klasse macht _einen_ Ausflug ins Naherholungsgebiet.
(der): Wir wollen unsere Tante auf _dem_ Bahnhof treffen.
(sein): In _seinem_ Haus befinden sich seltene Möbelstücke.
(euer): Jetzt laufen wir in _eueren_ Garten.
(ein): Heute entwickelt er _einen_ außerordentlichen Fleiß.
(das): Sandra sieht _dem_ Kind beim Spielen zu.

DEUTSCH
Rechtschreiben

NAME: _____ KLASSE: __ DATUM: _____ NR: __

"das" oder "daß"

Weinbau in Franken

Die Weinrebe stellt an Boden, Lage und Klima besondere Ansprüche. Nördlich der Alpen gedeiht sie deshalb auch nur an einigen begünstigten Standorten, z.B. in Mainfranken. Waldgebirge, wie Steigerwald, Spessart und Rhön, umgeben diese Landschaft. Sie sorgen dafür, daß hier weniger Niederschläge fallen und die Temperaturen im Sommer höher klettern als in der Umgebung. Der Weinbau gilt als sehr arbeitsintensiv, weshalb der einzelne Winzer meist nur einen kleinen Betrieb besitzt.

Das Zuschneiden der Reben, das viel Zeit erfordert, ist hauptsächlich Handarbeit. Fröste im Frühjahr und Herbst, verregnete Sommer und kalte Winter, vor allem aber die Reblaus machen den Weinbau zu einer unsicheren Sache. Viele Winzer bauen deshalb neben dem Wein auch noch Obst und Feldfrüchte an.

Nach der Lese im Herbst beginnt die Arbeit im Keller. Viele Handgriffe sind nötig, bis der Wein auf Flaschen gezogen werden kann. Jetzt hofft der Kellermeister, daß die Weinprüfer mit seinem Produkt zufrieden sind. Das Prüfsiegel, das er für gute Qualität erhält, sichert ihm nämlich einen höheren Verkaufspreis.

1. Im Text findest du zwei Sätze mit **"das"** und zwei Sätze mit **"daß"** nach dem Komma. **Verkürze sie auf das Wesentliche und schreibe sie heraus!**

   _____
   _____
   _____
   _____
   _____

2. **Bilde Sätze mit "das" oder "daß"!**

   Der Winzer hofft auf einen Sommer, der seinem Wein viel Sonne bringt.

   _____
   _____

   Das Schneiden der Reben ist sehr arbeitsintensiv. Es wird meist noch von Hand erledigt.

   _____
   _____

| DEUTSCH Rechtschreiben | NAME: _____ | KLASSE: __ | DATUM: _____ | NR: __ |

Das Weinfaß besteht heute aus Aluminium oder Kunststoff. Früher war es aus Holz.
_____
_____

Der Winzer hofft, durch den Anbau von Obst und Feldfrüchten Verluste im Weinbau auszugleichen.
_____
_____

3. **Setze richtig ein: "das" oder "daß" ?**

Der Kaufmann hofft, _____ er hohe Erträge erzielen kann.
Viele Leute meiden das Rauchen, _____ die Gesundheit schädigt.
Heute weiß man, _____ der saure Regen unsere Wälder zerstört.
Der Kunde hofft, _____ er das Auto, _____ er neu gekauft hat, lange fahren kann.
Erika brachte das Buch, _____ sie sich ausgeliehen hatte, endlich zurück.

4. **Bilde aus zwei Sätzen einen!**

Die Klassenfahrt endete an einem alten Schloß. Das Schloß dient jetzt als Jugendherberge.
_____
_____

Vorsichtig ging die Reiterin auf das Pferd zu. Das Pferd hatte sie schon einmal abgeworfen.
_____
_____

Endlich konnte Hans das Auto kaufen. Er hatte schon lange darauf gespart.
_____
_____

5. **Bilde Sätze nach folgendem Muster!**

Ich bin überzeugt, daß Wandern die Gesundheit fördert.

Rauchen schadet der Gesundheit - Schwimmen fördert die Ausdauer - Lesen erhöht die Bildung - Lernen dauert lebenslang - Singen ist ein Ausdruck der Freude -
_____
_____
_____

| DEUTSCH Rechtschreiben | NAME: _____ | KLASSE: __ | DATUM: _____ | NR: __ |

"das" oder "daß"

Weinbau in Franken

Die Weinrebe stellt an Boden, Lage und Klima besondere Ansprüche. Nördlich der Alpen gedeiht sie deshalb auch nur an einigen begünstigten Standorten, z.B. in Mainfranken. Waldgebirge, wie Steigerwald, Spessart und Rhön, umgeben diese Landschaft. Sie sorgen dafür, daß hier weniger Niederschläge fallen und die Temperaturen im Sommer höher klettern als in der Umgebung. Der Weinbau gilt als sehr arbeitsintensiv, weshalb der einzelne Winzer meist nur einen kleinen Betrieb besitzt.

Das Zuschneiden der Reben, das viel Zeit erfordert, ist hauptsächlich Handarbeit. Fröste im Frühjahr und Herbst, verregnete Sommer und kalte Winter, vor allem aber die Reblaus machen den Weinbau zu einer unsicheren Sache. Viele Winzer bauen deshalb neben dem Wein auch noch Obst und Feldfrüchte an.

Nach der Lese im Herbst beginnt die Arbeit im Keller. Viele Handgriffe sind nötig, bis der Wein auf Flaschen gezogen werden kann. Jetzt hofft der Kellermeister, daß die Weinprüfer mit seinem Produkt zufrieden sind. Das Prüfsiegel, das er für gute Qualität erhält, sichert ihm nämlich einen höheren Verkaufspreis.

1. Im Text findest du zwei Sätze mit **"das"** und zwei Sätze mit **"daß"** nach dem Komma. **Verkürze sie auf das Wesentliche und schreibe sie heraus!**

   Sie sorgen dafür, daß hier weniger Niederschläge fallen.

   Jetzt hofft der Kellermeister, daß die Weinprüfer zufrieden sind.

   Das Zuschneiden der Reben, das viel Zeit erfordert, ist Handarbeit.

   Das Prüfsiegel, das er erhält, sichert ihm einen höheren Verkaufspreis.

2. **Bilde Sätze mit "das" oder "daß"!**

   Der Winzer hofft auf einen Sommer, der seinem Wein viel Sonne bringt.

   Der Winzer hofft, daß der Sommer seinem Wein viel Sonne bringt.

   Das Schneiden der Reben ist sehr arbeitsintensiv. Es wird meist noch von Hand erledigt.

   Das Schneiden der Reben, das sehr arbeitsintensiv ist, wird meist noch von Hand erledigt.

| DEUTSCH Rechtschreiben | NAME: _____ | KLASSE: __ | DATUM: _____ | NR: __ |

Das Weinfaß besteht heute aus Aluminium oder Kunststoff. Früher war es aus Holz.

<u>Das Weinfaß, das heute aus Aluminium oder Kunststoff besteht, war früher aus Holz.</u>

Der Winzer hofft, durch den Anbau von Obst und Feldfrüchten Verluste im Weinbau auszugleichen.

<u>Der Winzer hofft, daß er durch den Anbau von Obst und Feldfrüchten Verluste im Weinbau ausgleichen kann.</u>

3. Setze richtig ein: "das" oder "daß" ?

Der Kaufmann hofft, <u>daß</u> er hohe Erträge erzielen kann.

Viele Leute meiden das Rauchen, <u>das</u> die Gesundheit schädigt.

Heute weiß man, <u>daß</u> der saure Regen unsere Wälder zerstört.

Der Kunde hofft, <u>daß</u> er das Auto, <u>das</u> er neu gekauft hat, lange fahren kann.

Erika brachte das Buch, <u>das</u> sie sich ausgeliehen hatte, endlich zurück.

4. Bilde aus zwei Sätzen einen!

Die Klassenfahrt endete an einem alten Schloß. Das Schloß dient jetzt als Jugendherberge.

<u>Die Klassenfahrt endete an einem alten Schloß, das jetzt als Jugendherberge dient.</u>

Vorsichtig ging die Reiterin auf das Pferd zu. Das Pferd hatte sie schon einmal abgeworfen.

<u>Vorsichtig ging die Reiterin auf das Pferd zu, das sie schon einmal abgeworfen hatte.</u>

Endlich konnte Hans das Auto kaufen. Er hatte schon lange darauf gespart.

<u>Endlich konnte Hans das Auto kaufen, auf das er schon lange gespart hatte.</u>

5. Bilde Sätze nach folgendem Muster!

Ich bin überzeugt, daß Wandern die Gesundheit fördert.

Rauchen schadet der Gesundheit - Schwimmen fördert die Ausdauer - Lesen erhöht die Bildung - Lernen dauert lebenslang - Singen ist ein Ausdruck der Freude -

<u>Ich glaube, daß Rauchen der Gesundheit schadet. - Ich bin überzeugt, daß Schwimmen die Ausdauer fördert. - Ich bin der Meinung, daß Lesen die Bildung erhöht. - Ich glaube, daß Lernen lebenslang dauert. - Ich meine, daß Singen ein Ausdruck der Freude ist.</u>

"das" oder "daß" ?

Warum starben die Saurier aus ?

Lange Zeit vor dem ersten Menschen lebten auf unserer Erde die Saurier. Es gab unter ihnen die verschiedensten Arten. Manche waren so groß, daß sie fast ununterbrochen fressen mußten, um nicht zu verhungern, andere dagegen hatten nur die Größe kleinerer Nagetiere. Einige unter ihnen waren Fleischfresser, wie der Tyrannosaurus, und ernährten sich räuberisch. Es gab aber auch friedliche Pflanzenfresser wie den Brontosaurus und den Brachiosaurus. 150 Millionen Jahre beherrschten sie unseren Planeten, starben aber dann plötzlich aus. Manche Forscher glauben, es sei das Klima gewesen, das sich plötzlich geändert und zum Tod der wechselwarmen Tiere geführt habe. Eine andere Meinung ist, daß eine Naturkatastrophe, ausgelöst durch den Einschlag eines Himmelskörpers, am Untergang der Saurier schuld war. Vielleicht war es auch das Aussterben vieler Pflanzenarten, das dafür sorgte, daß die Nahrungsquellen fehlten. Das bedeutete einen Rückgang der Pflanzenfresser und als Folge davon auch der fleischfressenden Arten. Als Nachfahren der Saurier erinnern uns heute noch Krokodile, Schlangen und Schildkröten an diese Riesenechsen des Erdmittelalters.

1. Im vorausgehenden Text findest du zwei Sätze, in denen du das Wort **"das"** (nach dem Komma) durch **"welches"** ersetzen kannst.

___
___
___
___

2. Ersetze in den folgenden Sätzen das Wort **"welches"** durch **"das"** !

Das Zeitalter, welches die Saurier beherrschten, nennt man Erdmittelalter.

___
___

Für die Saurier wäre das Klima, welches heute bei uns herrscht, nicht verträglich.

___
___

Das Nahrungsangebot, welches die Saurier vorfanden, wurde immer knapper.

___
___

| DEUTSCH Rechtschreiben | NAME: _____ | KLASSE: __ | DATUM: _____ | NR: __ |

3. Bilde sinnvolle Sätze! Achte dabei auf die Kommasetzung!

> Die Schüler hoffen insgeheim - das er in der Ausstellung gesehen hatte - das immer wieder in der Reparaturwerkstätte gewesen war - Wir geben nur ungern zu - Vater verkaufte endlich das Auto - Noch im Mittelalter glaubte man - daß die letzte Unterrichtsstunde entfällt - Der Geschäftsmann kaufte das Bild - daß die Erde eine Scheibe sei - daß wir Fehler gemacht haben -

_____
_____
_____
_____
_____
_____
_____

4. Setze richtig ein! "das" wird weich, "daß" hart gesprochen. Die richtige Schreibweise kannst du durch genaues Hinhören erkennen!

Das neue Auto, _____ Vater gekauft hat, kommt aus Japan.

Ich hoffe sehr, _____ du mir aus dem Urlaub eine Karte schickst.

Viele Menschen glauben, _____ die Planeten unser Leben beeinflussen.

Peter erklärte seinem Freund Paul das Gesellschaftsspiel, _____ er zum Geburtstag von seinen Eltern bekommen hatte.

Sabine fand das Buch, _____ sie gerade gelesen hatte, bis zur letzten Seite spannend.

Wir wissen heute, _____ wir unsere Umwelt schützen müssen.

5. Bilde aus zwei zusammengehörenden Sätzen einen!

Peter liest ein Abenteuerbuch. Das Buch findet er sehr interessant. - Sabine kauft sich ein neues Kleid. Das Kleid hatte sie schon längere Zeit im Schaufenster bewundert. - Maria malte ein Bild. Das Bild zeigte sie im Kreise ihrer Familie. - Zum Geburtstag erhielt Michael ein Spiel. Das Spiel sollte ihm die Zeit vertreiben. - Tanja sollte in das Poesiealbum schreiben. Das Album hatte ihr ihre Freundin Julia gegeben.

_____
_____
_____
_____
_____
_____

DEUTSCH Rechtschreiben

"das" oder "daß" ?

Warum starben die Saurier aus ?

Lange Zeit vor dem ersten Menschen lebten auf unserer Erde die Saurier. Es gab unter ihnen die verschiedensten Arten. Manche waren so groß, daß sie fast ununterbrochen fressen mußten, um nicht zu verhungern, andere dagegen hatten nur die Größe kleinerer Nagetiere. Einige unter ihnen waren Fleischfresser, wie der Tyrannosaurus, und ernährten sich räuberisch. Es gab aber auch friedliche Pflanzenfresser wie den Brontosaurus und den Brachiosaurus. 150 Millionen Jahre beherrschten sie unseren Planeten, starben aber dann plötzlich aus. Manche Forscher glauben, es sei das Klima gewesen, das sich plötzlich geändert und zum Tod der wechselwarmen Tiere geführt habe. Eine andere Meinung ist, daß eine Naturkatastrophe, ausgelöst durch den Einschlag eines Himmelskörpers, am Untergang der Saurier schuld war. Vielleicht war es auch das Aussterben vieler Pflanzenarten, das dafür sorgte, daß die Nahrungsquellen fehlten. Das bedeutete einen Rückgang der Pflanzenfresser und als Folge davon auch der fleischfressenden Arten. Als Nachfahren der Saurier erinnern uns heute noch Krokodile, Schlangen und Schildkröten an diese Riesenechsen des Erdmittelalters.

1. Im vorausgehenden Text findest du zwei Sätze, in denen du das Wort **"das"** (nach dem Komma) durch **"welches"** ersetzen kannst.

   Manche Forscher glauben, es sei das Klima gewesen, welches sich plötzlich geändert und zum Tod der wechselwarmen Tiere geführt habe.

   Vielleicht war es auch das Aussterben vieler Pflanzenarten, welches dafür sorgte, daß die Nahrungsquellen fehlten.

2. Ersetze in den folgenden Sätzen das Wort **"welches"** durch **"das"** !

   Das Zeitalter, welches die Saurier beherrschten, nennt man Erdmittelalter.
   Das Zeitalter, das die Saurier beherrschten, nennt man Erdmittelalter.

   Für die Saurier wäre das Klima, welches heute bei uns herrscht, nicht verträglich.
   Für die Saurier wäre das Klima, das heute bei uns herrscht, nicht verträglich.

   Das Nahrungsangebot, welches die Saurier vorfanden, wurde immer knapper.
   Das Nahrungsangebot, das die Saurier vorfanden, wurde immer knapper.

DEUTSCH Rechtschreiben NAME: _____ KLASSE: __ DATUM: _____ NR: __

3. Bilde sinnvolle Sätze! Achte dabei auf die Kommasetzung!

> Die Schüler hoffen insgeheim - das er in der Ausstellung gesehen hatte - das immer wieder in der Reparaturwerkstätte gewesen war - Wir geben nur ungern zu - Vater verkaufte endlich das Auto - Noch im Mittelalter glaubte man - daß die letzte Unterrichtsstunde entfällt - Der Geschäftsmann kaufte das Bild - daß die Erde eine Scheibe sei - daß wir Fehler gemacht haben -

Die Schüler hoffen insgeheim, daß die letzte Unterrichtsstunde entfällt.
Wir geben nur ungern zu, daß wir Fehler gemacht haben.
Vater verkaufte endlich das Auto, das immer wieder in der Reparaturwerkstätte gewesen war.
Noch im Mittelalter glaubte man, daß die Erde eine Scheibe sei.
Der Geschäftsmann kaufte das Bild, das er in der Ausstellung gesehen hatte.

4. Setze richtig ein! "das" wird weich, "daß" hart gesprochen. Die richtige Schreibweise kannst du durch genaues Hinhören erkennen!

Das neue Auto, __das__ Vater gekauft hat, kommt aus Japan.
Ich hoffe sehr, __daß__ du mir aus dem Urlaub eine Karte schickst.
Viele Menschen glauben, __daß__ die Planeten unser Leben beeinflussen.
Peter erklärte seinem Freund Paul das Gesellschaftsspiel, __das__ er zum Geburtstag von seinen Eltern bekommen hatte.
Sabine fand das Buch, __das__ sie gerade gelesen hatte, bis zur letzten Seite spannend.
Wir wissen heute, __daß__ wir unsere Umwelt schützen müssen.

5. Bilde aus zwei zusammengehörenden Sätzen einen!

Peter liest ein Abenteuerbuch. Das Buch findet er sehr interessant. - Sabine kauft sich ein neues Kleid. Das Kleid hatte sie schon längere Zeit im Schaufenster bewundert. - Maria malte ein Bild. Das Bild zeigte sie im Kreise ihrer Familie. - Zum Geburtstag erhielt Michael ein Spiel. Das Spiel sollte ihm die Zeit vertreiben. - Tanja sollte in das Poesiealbum schreiben. Das Album hatte ihr ihre Freundin Julia gegeben.

Peter liest ein Abenteuerbuch, das er sehr interessant findet.
Sabine kauft sich ein neues Kleid, das sie schon längere Zeit im Schaufenster bewundert hat.
Maria malte ein Bild, das sie im Kreise ihrer Familie zeigte.
Zum Geburtstag erhielt Michael ein Spiel, das ihm die Zeit vertreiben sollte.
Tanja sollte in das Poesiealbum schreiben, das ihr ihre Freundin Julia gegeben hatte.

DEUTSCH Rechtschreiben

NAME: _____ KLASSE: __ DATUM: _____ NR: __

Wörter mit verschiedenen s-Lauten: "s" - "ss" - "ß"

Ein gelungener Spaß

Peter hatte gerade den Garten gegossen und die Gießkanne aufgeräumt, als ihn drei Jungen aus seiner Klasse über die Straße hinweg riefen. Sie saßen bei Stefan im Garten, vor sich ein großes Gefäß mit Wasser. Stefan zeigte auf eine Münze im Wasser und sagte zu Peter: "Wenn du sie mit den Händen herausfischen kannst, darfst du sie behalten." Peter schaute mißtrauisch zuerst das Markstück, dann die Gesichter seiner Klassenkameraden an. Als er darin nichts Verdächtiges entdecken konnte, vergaß er seine Vorsicht und faßte kurz entschlossen nach der Münze. Aber so sehr er riß und zerrte, er konnte das Geldstück nicht vom Boden lösen. Da entdeckte er ein Grinsen auf den Gesichtern. Jetzt merkte er, daß das Geldstück am Boden des Gefäßes festgeklebt war. Die Freunde hatten sich einen Spaß erlaubt. "Das wird mir nicht mehr passieren", lachte er, "aber paßt nur auf, gewiß werde ich mir für euch auch etwas einfallen lassen!" Peter wischte sich die nassen Hände ab. Er war seinen Freunden jedoch nicht böse, und so saßen sie noch einige Zeit zusammen, bis sie schließlich nach Hause gehen mußten.

1. Setze richtig zusammen!

Linien	Strauß	Kuchen	Straße
Milch	Insel	Unter	Schüssel
Zwerg	Bus	Reise	Gebiß
Korallen	Hase	Plastik	Paß
Butter	Eis	Meter	Messer
Blumen	Kuß	Land	Maß
Hand	Keks	Pferde	Tasse

_____
_____
_____
_____

2. Sprichwörter und Redensarten:

Ohne Fleiß kein _____ . Was ich nicht _____ , macht mich nicht _____ . Glück und _____ , wie leicht bricht _____ .

DEUTSCH Rechtschreiben

NAME: _____ KLASSE: __ DATUM: _____ NR: __

Wörter mit verschiedenen s-Lauten: "s" – "ss" – "ß"

3. Trage Wörter aus dem Text in die drei Spalten ein! Finde selber weitere Beispiele!

Wörter mit "s"	Wörter mit "ss"	Wörter mit "ß"

4. Kennst du diese Wörter?

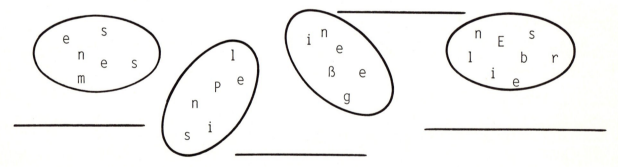

5. Bilde zu diesen Wörtern Sätze!

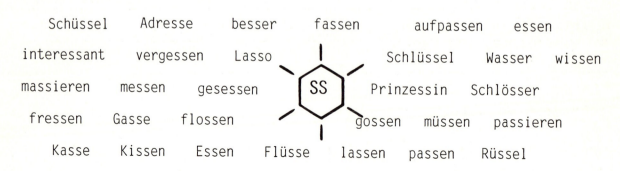

DEUTSCH Rechtschreiben

NAME: _____ KLASSE: __ DATUM: _____ NR: __

Wörter mit verschiedenen s-Lauten: "s" – "ss" – "ß"

Ein gelungener Spaß

Peter hatte gerade den Garten gegossen und die Gießkanne aufgeräumt, als ihn drei Jungen aus seiner Klasse über die Straße hinweg riefen. Sie saßen bei Stefan im Garten, vor sich ein großes Gefäß mit Wasser. Stefan zeigte auf eine Münze im Wasser und sagte zu Peter: "Wenn du sie mit den Händen herausfischen kannst, darfst du sie behalten." Peter schaute mißtrauisch zuerst das Markstück, dann die Gesichter seiner Klassenkameraden an. Als er darin nichts Verdächtiges entdecken konnte, vergaß er seine Vorsicht und faßte kurz entschlossen nach der Münze. Aber so sehr er riß und zerrte, er konnte das Geldstück nicht vom Boden lösen. Da entdeckte er ein Grinsen auf den Gesichtern. Jetzt merkte er, daß das Geldstück am Boden des Gefäßes festgeklebt war. Die Freunde hatten sich einen Spaß erlaubt. "Das wird mir nicht mehr passieren", lachte er, "aber paßt nur auf, gewiß werde ich mir für euch auch etwas einfallen lassen!" Peter wischte sich die nassen Hände ab. Er war seinen Freunden jedoch nicht böse, und so saßen sie noch einige Zeit zusammen, bis sie schließlich nach Hause gehen mußten.

1. Setze richtig zusammen!

Linien	Strauß		Kuchen	Straße
Milch	Insel		Unter	Schüssel
Zwerg	Bus		Reise	Gebiß
Korallen	Hase		Plastik	Paß
Butter	Eis		Meter	Messer
Blumen	Kuß		Land	Maß
Hand	Keks		Pferde	Tasse

Linienbus, Milcheis, Zwerghase, Koralleninsel, Butterkeks, Blumenstrauß, Handkuß, Kuchenmesser, Untertasse, Reisepaß, Plastikschüssel, Metermaß, Landstraße, Pferdegebiß

2. Sprichwörter und Redensarten:

Ohne Fleiß kein __Preis__. Was ich nicht __weiß__, macht mich nicht __heiß__. Glück und __Glas__, wie leicht bricht __das__.

55

DEUTSCH Rechtschreiben

NAME: _____ KLASSE: __ DATUM: _____ NR: __

Wörter mit verschiedenen s-Lauten: "s" – "ss" – "ß"

3. Trage Wörter aus dem Text in die drei Spalten ein! Finde selber weitere Beispiele!

Wörter mit "s"	Wörter mit "ss"	Wörter mit "ß"
Gesichter	gegossen	Spaß
nichts Verdächtiges	Klasse	Gießkanne
Vorsicht	Wasser	Straße
lösen	entschlossen	saßen
ein Grinsen	passieren	großes
etwas	lassen	Gefäß
böse	die nassen Hände	mißtrauisch
zusammen		vergaß
bis		faßte
nach Hause		riß
		paßt nur auf
		gewiß
		schließlich

4. Kennst du diese Wörter?

gießen

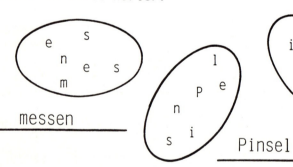

messen   Pinsel   Erlebnis

5. Bilde zu diesen Wörtern Sätze!

Schüssel   Adresse   besser   fassen   aufpassen   essen
interessant   vergessen   Lasso   Schlüssel   Wasser   wissen
massieren   messen   gesessen   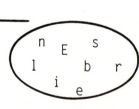   Prinzessin   Schlösser
fressen   Gasse   flossen   gossen   müssen   passieren
Kasse   Kissen   Essen   Flüsse   lassen   passen   Rüssel

Wörter mit verschiedenen s-Lauten: "s" - "ss" - "ß"

Warum hält man sich einen Hund?

Im Zusammenleben mit dem Menschen überläßt der Hund die führende Rolle seinem Herrn. So ist das schon seit Jahrtausenden. Die Abstammung vom Wolf und seine Erbanlagen veranlassen den Hund, die menschliche Familiengemeinschaft als ein Rudel zu betrachten, in dessen Mitte er Ruhe und Sicherheit findet.

Aber was veranlaßt den Menschen, einen Hund zu sich zu nehmen? Was für ein Interesse steckt dahinter?

Kein Haustier vermag wie der Hund, allein durch seine Gegenwart das Leben in einem Heim zu verändern. Am wesentlichsten ist wohl die Fähigkeit des Hundes, Gefühlsbeziehungen zu seinem Herrn zu haben, aus denen wirkliche Freundschaft werden kann. Und wieviel Spaß macht es doch, mit einem Hund unterwegs zu sein!

Wenn du mit ihm im Sommer an einem Fluß spazieren gehst, wird er in das Wasser springen wollen. Auf der Wiese rast er an dir vorbei und wälzt sich anschließend im Gras. Dann wiederum geht er auf eine Katze los, bekommt sie aber meist nicht zu fassen. Schließlich sitzt ein Insekt auf seiner Nase, er wird ernsthaft böse und beißt in die Luft. Es ist eben immer ein besonderes Erlebnis, mit einem Hund unterwegs zu sein.

1. Trage Wörter aus dem Text in die drei Spalten ein! Finde selber weitere Beispiele!

Wörter mit "s"	Wörter mit "ss"	Wörter mit "ß"

Achtung!

Am Ende eines Wortes steht nie "ss"!

DEUTSCH Rechtschreiben

NAME: _____ KLASSE: __ DATUM: _____ NR: __

Wörter mit verschiedenen s-Lauten: "s" – "ss" – "ß"

2. Bilde zu diesen Wörtern Sätze!

Erlebnis   Gemüse   Hals   isolieren   Nase   Tennis   deshalb
Bus   Insekt   böse   Pinsel   Speise   links   vorsichtig
Ameise   reisen   versäumen   bis   **S**   Wiese   wachsen   Zeugnis   Nase
bereits   Hose   riesig   Vase   Insel   gesund   rasieren
Wachs   emsig   bremsen   Hase   rasen   Musik   Gras

3. Suche zu den folgenden Zeitwörtern Hauptwörter mit der Nachsilbe "-nis"!

> ergeben – hindern – gestehen – begraben – erlauben – wagen – versäumen –
> geschehen – erleben – ereignen – bekennen – verzeichnen – fangen

_____
_____
_____

4. Kannst du es noch?

Grundform	1. Vergangenheit	Mittelwort der Vergangenheit	Mittelwort der Gegenwart
fressen	fraß	gefressen	fressend
gießen			
sitzen			
stoßen			
reißen			
reisen			
schießen			
wissen			

5. Kennst du diese Wörter?

Wörter mit verschiedenen s-Lauten: "s" - "ss" - "ß"

Warum hält man sich einen Hund?

Im Zusammenleben mit dem Menschen überläßt der Hund die führende Rolle seinem Herrn. So ist das schon seit Jahrtausenden. Die Abstammung vom Wolf und seine Erbanlagen veranlassen den Hund, die menschliche Familiengemeinschaft als ein Rudel zu betrachten, in dessen Mitte er Ruhe und Sicherheit findet.

Aber was veranlaßt den Menschen, einen Hund zu sich zu nehmen? Was für ein Interesse steckt dahinter?

Kein Haustier vermag wie der Hund, allein durch seine Gegenwart das Leben in einem Heim zu verändern. Am wesentlichsten ist wohl die Fähigkeit des Hundes, Gefühlsbeziehungen zu seinem Herrn zu haben, aus denen wirkliche Freundschaft werden kann. Und wieviel Spaß macht es doch, mit einem Hund unterwegs zu sein!

Wenn du mit ihm im Sommer an einem Fluß spazieren gehst, wird er in das Wasser springen wollen. Auf der Wiese rast er an dir vorbei und wälzt sich anschließend im Gras. Dann wiederum geht er auf eine Katze los, bekommt sie aber meist nicht zu fassen. Schließlich sitzt ein Insekt auf seiner Nase, er wird ernsthaft böse und beißt in die Luft. Es ist eben immer ein besonderes Erlebnis, mit einem Hund unterwegs zu sein.

1. Trage Wörter aus dem Text in die drei Spalten ein! Finde selber weitere Beispiele!

Wörter mit "s"	Wörter mit "ss"	Wörter mit "ß"
im Zusammenleben	veranlassen	überläßt
Jahrtausenden	Interesse	veranlaßt
kein anderes	Wasser	Spaß
wesentlich	fassen	Fluß
Gefühlsbeziehung		anschließend
unterwegs		schließlich
Wiese		beißt
Gras		
los		
Insekt		
Nase		
böse		

Achtung!

Am Ende eines Wortes steht nie "ss"!

Wörter mit verschiedenen s-Lauten: "s" – "ss" – "ß"

2. Bilde zu diesen Wörtern Sätze!

Erlebnis   Gemüse   Hals   isolieren   Nase   Tennis   deshalb
Bus   Insekt   böse   Pinsel   Speise   links   vorsichtig
Ameise   reisen   versäumen   bis   [S]   Wiese   wachsen   Zeugnis   Nase
bereits   Hose   riesig   Vase   Insel   gesund   rasieren
Wachs   emsig   bremsen   Hase   rasen   Musik   Gras

3. Suche zu den folgenden Zeitwörtern Hauptwörter mit der Nachsilbe "-nis"!

> ergeben – hindern – gestehen – begraben – erlauben – wagen – versäumen – geschehen – erleben – ereignen – bekennen – verzeichnen – fangen

Ergebnis, Hindernis, Geständnis, Begräbnis, Erlaubnis, Wagnis, Versäumnis, Geschehnis, Erlebnis, Ereignis, Bekenntnis, Verzeichnis, Gefängnis

4. Kannst du es noch?

Grundform	1. Vergangenheit	Mittelwort der Vergangenheit	Mittelwort der Gegenwart
fressen	fraß	gefressen	fressend
gießen	goß	gegossen	gießend
sitzen	saß	gesessen	sitzend
stoßen	stieß	gestoßen	stoßend
reißen	riß	gerissen	reißend
reisen	reiste	gereist	reisend
schießen	schoß	geschossen	schießend
wissen	wußte	gewußt	wissend

5. Kennst du diese Wörter?

Narkose

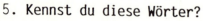

interessant

Schloß

nirgends

Dehnung durch den Buchstaben -h

Erfahrungen auf der Jugendfarm

Alle drei Jahre beruft die internationale Spielplatzvereinigung an einem anderen Ort der Erde eine Weltkonferenz ein; die Delegierten berichten über die Entwicklung in ihren Ländern und tauschen Erfahrungen aus. Als 1978 ein ausdrückliches Einladungsschreiben an den "Bund der Jugendfarmen und Aktivspielplätze" erging, erklärten sich das Auswärtige Amt und das Kultusministerium bereit, die Reisekosten nach Kanada zu übernehmen. Nach der Rückkehr berichtete der Sprecher: "Unsere Jugendfarmen können sich neben allem, was an Ähnlichem auf der Erde gebesteht, sehen lassen. Da zeitweise bis zu 300 Kinder pro Woche zu unseren Farmen kamen, um sich mit den grasenden Pferdchen zu beschäftigen, entschlossen wir uns, einen Verein zu gründen. Rund 100 Initiativen bemühen sich derzeit, ähnliche Anlagen vor allem für Stadtkinder zu schaffen."

1. Wörter mit Dehnungs-h kommen in unserer Sprache immer wieder vor. Im Gegensatz zum normalen "h" wird dieses -h dabei nicht gesprochen.

   Beispiele: Dehnung   Gasthaus
                   ↑   ↑
              Dehnungs-h, hört man nicht   normales "h", wird gesprochen

Unterstreiche im Text alle Wörter mit Dehnungs-h, trage sie in die Tabelle ein und ergänze!

Zeitwort	Namenwort	Eigenschaftswort	Sonstige

Beachte: **Werden Selbstlaute (a,e,i,o,u) oder Umlaute (ä,ö,ü) gedehnt gesprochen, so wird dies nicht selten durch ein Dehnungs-h gekennzeichnet. Meist folgt darauf ein Mitlaut (l,m,n...).**

| DEUTSCH Rechtschreiben | NAME: _____ | KLASSE: __ | DATUM: _____ | NR: __ |

Dehnung durch den Buchstaben -h

2. Ob ein Wort mit Dehnungs-h geschrieben wird oder nicht, erkennst du meist, wenn du das dazugehörige Stammwort suchst.

   Fa<u>h</u>rzeug ⟶ fa<u>h</u>ren

Suche zu dem folgenden Wortmaterial dazugehörige Wörter!

Wohnung _____
Bahn _____
Lohn _____
kühl _____
erziehen _____
fahren _____
Gefahr _____
zählen _____
stehen _____
mehr _____

3. Silbenrätsel - Findest du die Wörter mit ä, ö, ü?

   ```
   er - un - wöh - fühl - her - zäh - ge - nen - nä - wäh - fähr - füh
   len - Stüh - fröh - le - ge - le - Ge - ver - ne - hen - Höh - ne - ren
   söh - Büh - Söh - nen - hö - Kühl - Zäh - len - ne - lich - schrank
   ```

   äh: _____
   _____

   öh: _____
   _____

   üh: _____
   _____

4. Entnimm jedem Kasten einen Wortbestandteil und bilde zusammengesetzte Hauptwörter! Formuliere damit je einen Satz!

   | Näh - Mahl - Unter | -fahrt -zeit -zahl |
   | Wieder - Raum - Mehr | -nehmen -sehen -maschine |

   _____
   _____
   _____
   _____
   _____

DEUTSCH Rechtschreiben

| NAME: | KLASSE: | DATUM: | NR: |

Dehnung durch den Buchstaben -h

Erfahrungen auf der Jugendfarm

Alle drei Jahre beruft die internationale Spielplatzvereinigung an einem anderen Ort der Erde eine Weltkonferenz ein; die Delegierten berichten über die Entwicklung in ihren Ländern und tauschen Erfahrungen aus. Als 1978 ein ausdrückliches Einladungsschreiben an den "Bund der Jugendfarmen und Aktivspielplätze" erging, erklärten sich das Auswärtige Amt und das Kultusministerium bereit, die Reisekosten nach Kanada zu übernehmen. Nach der Rückkehr berichtete der Sprecher: "Unsere Jugendfarmen können sich neben allem, was an Ähnlichem auf der Erde besteht, sehen lassen. Da zeitweise bis zu 300 Kinder pro Woche zu unseren Farmen kamen, um sich mit den grasenden Pferdchen zu beschäftigen, entschlossen wir uns, einen Verein zu gründen. Rund 100 Initiativen bemühen sich derzeit, ähnliche Anlagen vor allem für Stadtkinder zu schaffen."

1. Wörter mit Dehnungs-h kommen in unserer Sprache immer wieder vor. Im Gegensatz zum normalen "h" wird dieses -h dabei nicht gesprochen.

   Beispiele: Dehnung   Gasthaus
                  ↑   ↑
         Dehnungs-h, hört man nicht   normales "h", wird gesprochen

Unterstreiche im Text alle Wörter mit Dehnungs-h, trage sie in die Tabelle ein und ergänze!

Zeitwort	Namenwort	Eigenschaftswort	Sonstige
übernehmen	Erfahrungen	ähnliche	ihre
geschieht	Jahre	wahr	zehn
sehen	Rückkehr	froh	während
bemühen	Ähnlichem	ruhig	mehr
stehen	Gefahr	gefährlich	ehe

Beachte: **Werden Selbstlaute (a,e,i,o,u) oder Umlaute (ä,ö,ü) gedehnt gesprochen, so wird dies nicht selten durch ein Dehnungs-h gekennzeichnet. Meist folgt darauf ein Mitlaut (l,m,n...).**

| DEUTSCH Rechtschreiben | NAME: _____ | KLASSE: __ | DATUM: _____ | NR: __ |

Dehnung durch den Buchstaben -h

2. Ob ein Wort mit Dehnungs-h geschrieben wird oder nicht, erkennst du meist, wenn du das dazugehörige Stammwort suchst.

Fa<u>h</u>rzeug ⟶ fa<u>h</u>ren

Suche zu dem folgenden Wortmaterial dazugehörige Wörter!

Wohnung	wohnen, Wohnraum, gewöhnen, verwöhnt,...
Bahn	Bahndamm, Bahnhof, anbahnen, Fahrbahn,...
Lohn	Lohntüte, Belohnung, entlohnen, Finderlohn,...
kühl	Kühlschrank, abkühlen, unterkühlt, Kühltruhe,...
erziehen	Erziehung, Erziehungsziele, erziehbar, Erzieher,...
fahren	Fahrgast, Fahrgeld, überfahren, fahrlässig,...
Gefahr	gefährlich, Gefahrenstelle, Unfallgefahr, gefahrlos,...
zählen	Zahl, auszählen, überzahl, bezahlen,...
stehen	Stehimbiß, Stehlampe, überstehen, verstehen,...
mehr	mehrdeutig, Mehrkosten, Mehrzahl, vermehren,...

3. Silbenrätsel – Findest du die Wörter mit ä, ö, ü?

er - un - wöh - fühl - her - zäh - ge - nen - nä - wäh - fähr - füh
len - Stüh - fröh - le - ge - le - Ge - ver - ne - hen - Höh - ne - ren
söh - Büh - Söh - nen - hö - Kühl - Zäh - len - ne - lich - schrank

ä: erzählen, wählen, ungefähr, Zähne, nähen

ö: höher, gewöhnen, Söhne, fröhlich, Höhle, versöhnen

ü: Kühlschrank, führen, Gefühl, Stühle, Bühne

4. Entnimm jedem Kasten einen Wortbestandteil und bilde zusammengesetzte Hauptwörter! Formuliere damit je einen Satz!

Näh - Mahl - Unter	-fahrt -zeit -zahl
Wieder - Raum - Mehr	-nehmen -sehen -maschine

In Textilarbeit wird mit der Nähmaschine gearbeitet.
Er nahm eine riesengroße Mahlzeit zu sich.
Dieses Unternehmen ist sehr gefährlich.
Beim freudigen Wiedersehen flossen die Tränen.
Mit Hilfe der Raumfahrt können in der Zukunft noch Entdeckungen gemacht werden.
Er wollte von diesen Hauptwörtern die Mehrzahl wissen.

DEUTSCH Rechtschreiben

NAME: _____ KLASSE: __ DATUM: _____ NR: __

Dehnung durch -ie

Vernünftig Energie sparen

Jahr für Jahr wird in der Welt mehr Energie verbraucht. Doch die Energievorräte der Erde sind begrenzt. Das gilt besonders für Erdöl, auf das alle Länder in hohem Maße angewiesen sind und das heute um ein Vielfaches teurer ist als vor Beginn der Ölkrise. Auch die Bundesrepublik Deutschland gehört zu jenen Industrieländern, in denen viel Energie verbraucht wird. Die meiste Energie fließt dabei mit einem Anteil von rund 44 Prozent in den Bereich Haushalte und Kleinverbraucher; die Industrie liegt mit 32 Prozent an zweiter und der Verkehr mit 24 Prozent an dritter Stelle. Rund 40 Prozent des Haushaltsbedarfs entfallen auf die erforderliche Gebäudeheizung. Wie die meisten ihrer europäischen Nachbarstaaten, so muß auch die BRD den größten Teil ihrer Energie importieren. Nur sehr wenig stammt aus heimischen Quellen, darunter vor allem natürlich die Kohle. Die Politik der Bundesregierung ist daher darauf ausgerichtet, die Öleinfuhren zu begrenzen.

1. In unserer Sprache gibt es verschiedene Möglichkeiten, Dehnungen auszudrücken: Dehnung durch ___, Dehnung durch ___, Dehnung durch ___ ___ ___

Im Ausgangstext findest du zahlreiche Beispiele für die Dehnung durch "ie". Ordne diese Beispiele der Geheimschrift richtig zu!

|ı|ııııııı = _____ |ıııı|ııııı|ı = _____

||ıı|| = _____   ııı| = _____

|ı|ıı|ıı|ıı|ı|ıı = _____ |ıı = _____

|ııı|ıı = _____ |ıı|ıı|ıı = _____

|ıı|| = _____ |ı|ıııı|ıııı|ı = _____

2. Im Text findest du ein Fremdwort mit "ie"!

   _____

   Suche noch weitere 5 Fremdwörter mit der Nachsilbe -ieren!

   _____
   _____

Dehnung durch -ie

> Merke: Wenn du Wörter mit "-i" bzw. "-ie" deutlich aussprichst, kannst du erkennen, ob es sich um eine Dehnung durch -ie handelt oder nicht. Der lang gesprochene "i-Laut" wird mit "ie" geschrieben.

3. Finde zu den folgenden Wörtern passende Reimwörter!

   die _____
   Liese _____
   ließ _____
   liebe _____
   Tiere _____
   fotografieren _____

4. Ordne die folgenden Wörter nach Namenwörtern, Zeitwörtern und Eigenschaftswörtern in die Tabelle ein!

   Papier - schließen - Beispiel - lieb - Unterschied - tief - Mitglied - liegen - buchstabieren - Knie - frieren - Fieber - riesig - zielen - Kopie - dienen - neugierig - ergiebig - schieben - biegsam - zierlich

Namenwörter	Zeitwörter	Eigenschaftswörter

5. In der Wortschlange sind 5 Wörter versteckt. Schreibe sie auf!

_____

DEUTSCH Rechtschreiben

NAME: _____ KLASSE: __ DATUM: _____ NR: __

Dehnung durch -ie

Vernünftig Energie sparen

Jahr für Jahr wird in der Welt mehr Energie verbraucht. Doch die Energievorräte der Erde sind begrenzt. Das gilt besonders für Erdöl, auf das alle Länder in hohem Maße angewiesen sind und das heute um ein Vielfaches teurer ist als vor Beginn der Ölkrise. Auch die Bundesrepublik Deutschland gehört zu jenen Industrieländern, in denen viel Energie verbraucht wird. Die meiste Energie fließt dabei mit einem Anteil von rund 44 Prozent in den Bereich Haushalte und Kleinverbraucher; die Industrie liegt mit 32 Prozent an zweiter und der Verkehr mit 24 Prozent an dritter Stelle. Rund 40 Prozent des Haushaltsbedarfs entfallen auf die erforderliche Gebäudeheizung. Wie die meisten ihrer europäischen Nachbarstaaten, so muß auch die BRD den größten Teil ihrer Energie importieren. Nur sehr wenig stammt aus heimischen Quellen, darunter vor allem natürlich die Kohle. Die Politik der Bundesregierung ist daher darauf ausgerichtet, die Öleinfuhren zu begrenzen.

1. In unserer Sprache gibt es verschiedene Möglichkeiten, Dehnungen auszudrücken: Dehnung durch -h-, Dehnung durch -ie-, Dehnung durch -aa- -ee- -oo-

Im Ausgangstext findest du zahlreiche Beispiele für die Dehnung durch "ie". Ordne diese Beispiele der Geheimschrift richtig zu!

ııılıııııı	= angewiesen	ılıılıııııılı = Energievorräte
ııılı	= fließt	ııı l = viel
ılılıııılılıı	= Industrieländer	lıı = die
ııılıı	= Energie	ııılıılıı = Vielfaches
lııılı	= liegt	ılılıııılıııııı = Bundesregierung

2. Im Text findest du ein Fremdwort mit "ie"!

importieren

Suche noch weitere 5 Fremdwörter mit der Nachsilbe -ieren!

informieren, frisieren, demonstrieren, appellieren, produzieren

| DEUTSCH Rechtschreiben | NAME: | KLASSE: | DATUM: | NR: |

Dehnung durch -ie

Merke: Wenn du Wörter mit "-i" bzw. "-ie" deutlich aussprichst, kannst du erkennen, ob es sich um eine Dehnung durch -ie handelt oder nicht. Der lang gesprochene "i-Laut" wird mit "ie" geschrieben.

3. Finde zu den folgenden Wörtern passende Reimwörter!

die	sie, wie, nie,...
Liese	Wiese, Riese, diese,...
ließ	lies, mies, dies,...
liebe	Diebe, Siebe, Triebe,...
Tiere	Biere, Niere, diktiere,...
fotografieren	interessieren, spazieren, rasieren,...

4. Ordne die folgenden Wörter nach Namenwörtern, Zeitwörtern und Eigenschaftswörtern in die Tabelle ein!

Papier - schließen - Beispiel - lieb - Unterschied - tief - Mitglied - liegen - buchstabieren - Knie - frieren - Fieber - riesig - zielen - Kopie - dienen - neugierig - ergiebig - schieben - biegsam - zierlich

Namenwörter	Zeitwörter	Eigenschaftswörter
Papier	schließen	lieb
Beispiel	liegen	tief
Unterschied	buchstabieren	riesig
Mitglied	frieren	neugierig
Knie	zielen	ergiebig
Fieber	dienen	biegsam
Kopie	schieben	zierlich

5. In der Wortschlange sind 5 Wörter versteckt. Schreibe sie auf!

Spiegel, Lied, Diener, radieren, nie

Gleichklingende Laute (äu – eu)

Unsere Hauskatze

Kaum ein Tier bewegt sich so leise und geschmeidig wie unsere Katze. Geschickt schleicht sie sich an ihre Beute heran, springt auf sie zu und tötet sie mit einem Biß ins Genick. Wird sie von einem Hund verfolgt, kann man ihre Schnelligkeit und Sprungkraft bewundern. Gewandt setzt sie über niedere Zäune und erklettert schnell auch höhere Bäume. Im Winter schleicht sie auch gern um das Vogelhäuschen, kommt dabei aber nur selten zu dem gewünschten Fang.

Dann aber liegt sie wieder träge an einer warmen Stelle und säubert ihr Fell. Sie bevorzugt geheizte Räume, kann aber auch Kälte gut ertragen. Da sie einen ausgezeichneten Gesichtssinn hat, kann sie auch nachts auf Mäusejagd gehen.

Obwohl sie ihren Besitzern viel Freude macht, wenn sie sich streicheln läßt und dabei behaglich schnurrt, fügt sie sich als Einzelgänger weniger gut in die Familie ein als der Hund.

1. Im Text findest du Wörter mit "äu" und "eu". Unterstreiche sie verschiedenfarbig!

2. Suche zu den Wörtern mit "äu" das Stammwort oder die Einzahl!

Zäune — Zaun   _____ — _____   _____ — _____

_____ — _____   _____ — _____   _____ — _____

_____ — _____   _____ — _____   _____ — _____

Merke: _____

3. Finde die erklärten Wörter!

_____ sehr oft   _____ leicht blau

_____ putzen   _____ große Gewächse

_____ Bauwerk   _____ Stützpfeiler

| DEUTSCH Rechtschreiben | NAME: _____ | KLASSE: __ | DATUM: _____ | NR: __ |

4. Finde das Stammwort bzw. die Einzahl!

Räume   - _____   bläulich - _____

Säure   - _____   Fräulein - _____

Häute   - _____   Gehäuse   - _____

Träume   - _____   gläubig   - _____

Mäuse   - _____   Käufer   - _____

Zäune   - _____   Bäume   - _____

Häuser   - _____   Läuse   - _____

5. Finde das entsprechende Wort aus der Wortfamilie!

Zeitwort	Hauptwort	Eigenschaftswort
	Raum	
		verträumt
kaufen		
	Glaube	
laufen		
	Schaum	
rauben		

6. "eu" oder "äu" ?

gottesfürchtig

"Lohn" des Diebes

kleine Nagetiere

Bilder im Schlaf

fester Zusammenhalt

Heiterkeit, Frohsinn

Verbrecher (Banküberfall)

Gartenbegrenzungen

"Schülers Alptraum"

Lösungswort: _____

Gleichklingende Laute (äu – eu)

Unsere Hauskatze

Kaum ein Tier bewegt sich so leise und geschmeidig wie unsere Katze. Geschickt schleicht sie sich an ihre Beute heran, springt auf sie zu und tötet sie mit einem Biß ins Genick. Wird sie von einem Hund verfolgt, kann man ihre Schnelligkeit und Sprungkraft bewundern. Gewandt setzt sie über niedere Zäune und erklettert schnell auch höhere Bäume. Im Winter schleicht sie auch gern um das Vogelhäuschen, kommt dabei aber nur selten zu dem gewünschten Fang.

Dann aber liegt sie wieder träge an einer warmen Stelle und säubert ihr Fell. Sie bevorzugt geheizte Räume, kann aber auch Kälte gut ertragen. Da sie einen ausgezeichneten Gesichtssinn hat, kann sie auch nachts auf Mäusejagd gehen.

Obwohl sie ihren Besitzern viel Freude macht, wenn sie sich streicheln läßt und dabei behaglich schnurrt, fügt sie sich als Einzelgänger weniger gut in die Familie ein als der Hund.

1. Im Text findest du Wörter mit "äu" und "eu". Unterstreiche sie verschiedenfarbig!

2. Suche zu den Wörtern mit "äu" das Stammwort oder die Einzahl!

Zäune	-	Zaun	Bäume	-	Baum
Vogelhäuschen	-	-haus	säubert	-	sauber
Räume	-	Raum	Mäusejagd	-	Maus-

Merke: Man schreibt "äu", wenn das Stammwort oder die Einzahl mit "au" geschrieben wird.

3. Finde die erklärten Wörter!

häufig	sehr oft	bläulich	leicht blau
säubern	putzen	Bäume	große Gewächse
Gebäude	Bauwerk	Säule	Stützpfeiler

DEUTSCH Rechtschreiben

NAME: _____ KLASSE: __ DATUM: _____ NR: __

4. Finde das Stammwort bzw. die Einzahl!

Räume	-	Raum	bläulich	-	blau
Säure	-	sauer	Fräulein	-	Frau
Häute	-	Haut	Gehäuse	-	Haus
Träume	-	Traum	gläubig	-	glauben
Mäuse	-	Maus	Käufer	-	kaufen
Zäune	-	Zaun	Bäume	-	Baum
Häuser	-	Haus	Läuse	-	Laus

5. Finde das entsprechende Wort aus der Wortfamilie!

Zeitwort	Hauptwort	Eigenschaftswort
räumen	Raum	geräumig
träumen	Traum	verträumt
kaufen	Käufer	käuflich
glauben	Glaube	gläubig
laufen	Läufer	läuferisch
schäumen	Schaum	schaumig
rauben	Räuber	räuberisch

6. "eu" oder "äu" ?

- gläubig — gottesfürchtig
- Beute — "Lohn" des Diebes
- Mäuse — kleine Nagetiere
- Träume — Bilder im Schlaf
- Treue — fester Zusammenhalt
- Freude — Heiterkeit, Frohsinn
- Bankräuber — Verbrecher (Banküberfall)
- Zäune — Gartenbegrenzungen
- Zeugnis — "Schülers Alptraum"

Lösungswort: Beutefang

DEUTSCH Rechtschreiben

| NAME: | KLASSE: | DATUM: | NR: |

Zeichensetzung: Satzschlußzeichen, Satzzeichen bei wörtlicher Rede

Aus einem Abenteuerroman:

Sie konnten jetzt nicht mehr weit von der Feuerstelle sein Ole gingen hundert Gedanken durch den Kopf Konnten sie nicht auch auf Verbrecher stoßen, die im Nordwald untergetaucht waren Er hielt Mac zurück Nähern wir uns vorsichtig Wir müssen die anderen zuerst sehen Sie schritten um einen fast haushohen Felsabbruch Da wurden sie jäh von der Höhe herab angerufen Sie hoben den Kopf - zwei Männer blickten auf sie herab Indianer Sie erkannten es sogleich an den derben Gesichtszügen den Adlerfedern im Schopf den alten Gewehren und den Pfeilen auf dem Rücken Mit dem Anschleichen war es nun wohl vorbei Ole nahm den von neuem zitternden Bruder an der Hand Wir kommen zu euch hinauf rief er Die beiden Indianer schienen nicht wenig erstaunt zu sein Woher kommt ihr wollten sie wissen

1. Der **Aussagesatz** endet mit einem **Punkt**, der **Fragesatz** mit einem **Fragezeichen**. **Aufforderungssatz** und **Ausrufesatz** verlangen am Schluß ein **Ausrufezeichen**.

   Beispiele: Sie konnten die Gestalt nicht genau erkennen. (Aussagesatz)
   In welche Richtung müssen wir laufen? (Fragesatz)
   Sieh dich genau um! (Aufforderungssatz)
   Hurra, wir haben es geschafft! (Ausrufesatz)

   Setze nun in den Text diese fehlenden Satzzeichen ein!   . ? !

2. Die **wörtliche Rede** wird durch ein **Anführungszeichen** gekennzeichnet. Dabei kann der **Begleitsatz vorangestellt**, **nachgestellt** oder **eingeschoben** sein.

   1. [BS:] ["WR"] ------> Marion sagt: "Ich glaube, daß ich dir helfen kann."
   2. ["WR",] [BS] ------> "Ich glaube, daß ich dir helfen kann", sagt Marion.
   3. ["WR",] [BS,] ["WR"] ------> "Ich glaube", sagt Marion, "daß ich dir helfen kann."

   Setze nun in den Text diese Satzzeichen der wörtlichen Rede ein!

3. Ergänze im folgenden Text die fehlenden Satzzeichen! Es fehlen die Satzschlußzeichen und die Satzzeichen bei wörtlicher Rede.

   Ole sagte Wir haben uns seit vielen Tagen verirrt Wir finden nicht mehr zurück Er konnte nur hoffen, daß die Indianer ihnen helfen würden
   Die Indianer verstanden erst allmählich, was Ole ihnen mitteilen wollte Konnten sie überhaupt erklären, wo sie sich jetzt befanden
   Die beiden Indianer sprachen unverständlich miteinander Hoffentlich waren sie ihnen nicht feindlich gesinnt Erst jetzt dachte Ole überhaupt an diese Möglichkeit Vielleicht befanden sie sich in großer Gefahr
   Was wollt ihr überhaupt in dieser Gegend fragte nun der jüngere der beiden Indianer
   Habt ihr nicht gelernt fragte er weiter euch nach den Sternen zu richten

| DEUTSCH Rechtschreiben | NAME: _____ | KLASSE: __ | DATUM: _____ | NR: _ |

Zeichensetzung: Kommas bei Aufzählungen, bei Satzreihe und Satzgefüge

4. Ein **Komma** steht **zwischen** den **Gliedern einer Aufzählung**.
Vor dem Wort "und" am Ende der Aufzählung steht allerdings **kein Komma!**

Beispiel: Hammer, Zange, Schraubenzieher und Meißel sind Werkzeuge.

Setze nun das Komma richtig ein!

Peter kann Mathematikaufgaben lösen Tiere zeichnen Lieder pfeifen Basketball spielen und schnell laufen.

Rosen Nelken Veilchen Narzissen und Lilien sind Blumen.

Der dunkle unheimliche riesige und stille Wald wurde zu einer Gefahr für die beiden Jungen.

Im Schreibwarenladen kauften wir Bücher einen Kalender einen Klebestift vier Hefte einen Füller und Buntstifte.

5. Ein **Komma** steht **zwischen den Sätzen einer Satzreihe**.
Bei einer Satzreihe folgt auf einen vollständigen Satz ein weiterer vollständiger Satz.

Beispiel: Monika will Doris abholen, aber sie will nicht mitkommen.

Setze nun das Komma richtig ein!

Bernd erreicht zwar noch rechtzeitig den Treffpunkt doch Hans ist bereits nach Hause gegangen.

Mama will Michael um Hilfe bitten denn sie muß noch schnell zum Einkaufen gehen.

Hubert will den Hund füttern aber Bello hat sein Fressen schon bekommen.

6. Ein **Komma** steht im Satzgefüge **zwischen Hauptsatz und Gliedsatz**.
Die Stellung des Gliedsatzes kann unterschiedlich sein.

Beispiele: Ein Lagerfeuer brannte, obwohl niemand zu sehen war. (HS, GS)
Obwohl niemand zu sehen war, brannte ein Lagerfeuer. (GS, HS)
Ole trat, obwohl es gefährlich war, aus dem Schatten hervor. (HS, GS, HS)

Setze nun das Komma richtig ein!

Tobias springt obwohl er nicht schwimmen kann in das Wasser.

Ole und Mac rannten dahin ohne sich auch nur ein einziges Mal umzusehen.

Sie besaßen ein kleine Farm in Alberta das an der nördlichen Landesgrenze liegt.

Bis das Feuer niedersank schlief Mac.

Sie wollten den Bärensee entdecken der nicht mehr weit entfernt sein konnte.

Die wichtigste Aufgabe so meinten sie läge noch vor ihnen.

Darauf hatte er beschlossen vorerst einmal vom Farmer zum Holzfäller umzusatteln.

Verliert ihr den Kompaß ist es mit allen weiteren Ausflügen vorbei!

Mac wartete am Fluß daß ein Fisch nach dem Köder schnappte.

7. Setze nun im Ausgangstext die Kommas richtig ein!